上海高校"美术学"高峰学科建设项目

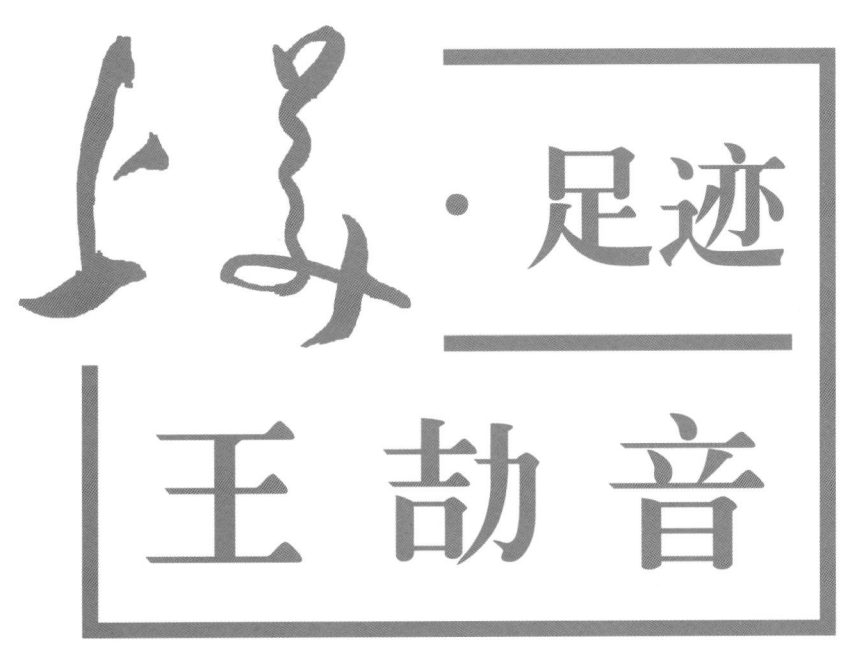

刘向娟 主编

上海大学出版社

总 序

"上美 足迹"系列丛书记录了上海大学美术学院从1983年至2000年间的一段学院教育发展史。它真实客观地记录了美院这一段耐人寻味的重组、初创、成长的全过程，以及每一位亲自参与其中的学术骨干和学术带头人的亲身经历。

海上知名美术教育家刘海粟在1912年创办了上海美术专科学校，简称"上海美专"。后于1952年全国院系大调整时迁入南京，与苏州美术专科学校、山东大学艺术系合并成为现在的南京艺术学院。大部分人都不知道的是，上海大学美术学院与"上海美专"这所曾经享誉海内外的著名艺术院校有着密切的承传关系。1959年，为顺应当时上海城市建设以及文化发展的需要，上海又成立了一所美术专科学校，简称"上海美专"，创办时定为本科院校，即现在上海大学美术学院（以下简称上大美院）的前身。原"上海美专"的骨干教师唐云、吴大羽、张充仁等成为新成立的"上海美专"国画系、油画系、雕塑系的教学骨干。尽管刘海粟创办的"上海美专"迁离了上海，但其海派美术的精髓却经由颜文樑、周碧初、俞云阶、张隆基、李泳森、哈定、白蕉、胡问遂、潘伯鹰、程十发、陈佩秋、江寒汀、涂克、吴大羽、唐云、张充仁、陆抑非、郑慕康、周方白、蔡上国、沈之瑜、丁浩等许多海派美术大师在新"上海美专"的教学中真正地传承下来，发展至今培养了一批称雄于中国的上海艺术家，并为创立新时代的美术流派奠定了基础。"文化大革命"期间，"上海美专"又转为上海美术学校（中专）。1983年，为顺应改革开放的城市文化建设需求，上海市政府决定在上海美术学校的基础上成立上海大学美术学院，当时美院是独立法人办学机构。这意味着学院从传统美术教育向顺应城市发展需求的当代美术教育转型。

这套丛书较为完整地记录下了美院转型时期的学术观点、教学方法乃至价值观的冲突等。书中很多内容是以口述历史的方式呈现的，目的是如实、客观地记录相关的历史资料，以便后人在研究这段美院历史时有第一手的佐证资料。

改革开放经济率先，市场经济的逐渐建立，引发了人们多元的需求和活跃的思想，随之，人们的审美需求和价值判断也有了多元化的取向。在计划经济时代，人们的需求是按计划统一配给的，审美是没有选择的，价值判断标准也是唯一的。由于海纳百川的文化积淀，改革开放以来，国内没有一个城市能像上海这样，自然而然地接受和融合开放带来的新思想、新概念，其表现在经济上，是对西方科学理念的迅速接受与消化，表现在文化上则是善于洋为中用。上大美院就是在这样新的历史变革背景下重组成立的。

从"凯旋路"到"上大路"

凯旋路 30 号是上大美院 1983 年重组建院的地址，那里承载着上海改革开放后的百废待兴、城市发展的文化建设愿景和一代美院人的奋斗理想。

如所有院校一样，上大美院的创建初期是从选院长开始的。最初的院长人选是方增先。在宣布出任上大美院院长后，方增先教授因各种原因未到位。最终，邀请中央美院李天祥教授来担任上大美院院长。当时上海美术学校已经聚集了一批实力雄厚的美术创作和教育人才，在绘画方面有孟光、应野平、俞子才、乔木、陈家泠、王劼音、凌启宁、戴明德、周豹健等；在设计方面有张雪父、胡丹苓、曹有成、沈福根、陆光仪等；在专业基础教育方面有陈向、诸玉凤、乐蓓蒂、陆光仪等。在此师资基础上，又从上海出版界引进了李槐之、任意、顾炳鑫、韩和平、金纪发；从油雕院、上海戏剧学院、上海美协引进了章永浩、廖炯模、步欣农、张培础、施忠平等；从全国艺术院校引进了一批骨干教师和优秀毕业生，包括李游宇、周爱兵、张敏、王一先、唐锐鹤、杨剑平、徐建融、潘耀昌、周国斌、黄建平、李超、李晓峰、陈平等。这一批美术英才汇聚于凯旋路 30 号，成为上大美院的重要师资力量。由于美院多为引进人才，他们对美术教育有着各自不同的思路与方法：从艺术院校引进的教师，重视造型基础，坚持学院派的基础训练；从创作单位引进的教师，重视实践能力，坚持以创作带基础训练；而探索当代艺术的教师，则认为过多的传统基础训练束缚了创新。正因为他们在教学理念与艺术风格上都坚持己见，因此掀起了全院的教学讨论和教学改革实验。油画系廖炯模、凌启宁等老师坚守住了学院派的教学体系，培养了赵以夫、梅琳等一批在国际上享有美誉的艺术家。韩和平在艺术研究所结合社会需求以创作带教育，为上海农民画培养了一批传承人。学院与书画出版社合作整理出版中国古代文献，在卢辅圣、徐建融的指导下，带出了凌利忠、汤哲明、单钧等一批传统书画研究者，并为以后成立史论系打下良好的基础。国画系应野平、俞子才、乔木、顾炳鑫等老先生坚持传统教育，陈家泠则主张笔墨技法的创新和进行形式上的探索，而张培础坚持写生的学院派主张，让学生在掌握传统文化的同时开阔视野，独立思考，培养了丁乙、金江波、龚彦等一批在国际上享有盛誉的当代艺术家，还有在国内崭露头角的后起之秀白璎、丁蓓莉、毛冬华等。雕塑系在章永浩、唐锐鹤的率领下，结合上海城市人文环境品质提升，创作了大量城市雕塑，带出了一支基础扎实、勇于承担重大城市雕塑任务、作风过硬的创作、教学队伍。设计系的张雪父、任意在装潢设计、书籍装帧方面发挥了上海商业美术的重要作用，为上海电影、电视节等重大文化品牌活动以及大型企业的视觉形象设计（石化、电视台、东航等）做出了成绩。在张自申的组织和带领下，在国内率先教学改革，实行学分制探索并结合城市建设需要建立环艺、动画专业，为社会服务的同时培养了一批动手能力强、适应行业需求的应用型人才。

张坚作为当时美术学院的党委书记对校园文化建设做了大量工作，从废弃仓库里的上美沙龙，到丝绸之路万里行，再到自娱自乐的舞会、挥洒青春的篮球场、灯火通明的教学楼，凯旋路30号留给美院人太多美好的回忆。这是一个学术争鸣、多元发展、丰富多彩的艺术教育课堂。在那里，为上海改革开放、城市建设培养了一批服务社会的应用型人才，为上海城市文化建设培养了一批领军人才。

1994年，上大美院被并入新上海大学，2000年迁入上大路99号的新校区，成为综合大学中的二级学院。校址新了，离市区远了，规范化的管理也让本来就没时间概念的师生们到点就离校，渐渐的，本该属于艺术创造者的忘我创作热情被慢慢冲淡。上大路99号成为一个"上班"的地方，与凯旋路30号相比，少了一点融洽的人情和学术的氛围，而这些恰是艺术教育的生命力之所在。美院人在统一、规范、标准化管理下，从反感、麻木到顺应，在痛苦中发现了理性的智慧之光，学会和经历了从感性到理性、再从理性出发操控感性表现的认识提升过程，学会战略思考，在学科布局、专业建设上抓住先机，实现了美术学博士点在上海零的突破，而设计学、艺术学理论博士点的申报成功，也奠定了艺术类研究型大学的基础。我们积极发挥上海大学综合大学的学科优势，开创了在美术院校办建筑系的先河，这是上大的首创，也改变了中国建筑专业只在工科院校办的历史。美术院校办玻璃艺术工作室也是我们的首创，它为各大美术院校培养了一批玻璃艺术专业的骨干教师，可谓是中国玻璃艺术教育的"黄埔军校"。上大美院的交互艺术专业在国内艺术院校中也是名列前茅的，这些全新专业的建立和领先地位的取得，是我们探索艺术与科技结合方面取得的成果。

2009年美院建院50周年之际，结合科学发展观的学习大讨论，对上大美院的历史和现状进行了梳理与总结，提出了"都市美院"的发展定位，提出了"平和包容，敢为人先，追求卓越"的学院精神，提出了"个人生存，事业发展，国家需求"三位一体的治学价值观。同时，还提出美院"形散神聚"的多元发展追求。这些理念与观点已逐渐形成上大美院的文化并被认同。

从凯旋路30号到上大路99号，上大美院经历了从重组、初创到发展、成熟的过程。回首三十余年，有太多的经验教训值得总结。

从"大美术"到"公共艺术"

1983年重组成立之初，上大美院只有绘画、设计两个专业和一个附中，发展至今已有九个专业、五个一级学科、三个一级学科博士点、一个博士后流动站、一个国家级教学实验中心。在三十余年的时间里将上大美院建设成为上海目前学科门类最齐全的美术类专科院校，顺应了上海改革开放30年来经济建设文化发展的需求，并从中抓住了其带给我们的发展机遇，形成了促进事业发展的动力，除此以外，更是依靠学院各专业的老师、学科带头人的不懈努力的结果。

上大美院建院时，李天祥院长提出了"大美术"的办学理念，让美术走出象牙塔为社会服务，在全国艺术院校中率先成立了产、学、研一体化的美术研究所。在这种办学理念的推动下，学院各学科开始探索如何服务社会，当时上海城市雕塑50%以上是由上大美院创作的，此外还承担了北京人民大会堂国宴厅、社会厅的装潢设计等国家重大任务，并与国际合作开发了陶瓷的服装配饰系列产品，远销美国、中东。"大美术"以社会服务需求为牵引，打破了学院与社会之墙、专业与专业之墙、教与学之墙、研究与应用之墙，融合专业、社会各方资源，共同合作，共同发展，形成了上大美院的办学特色。

到20世纪90年代后期，学院将"公共艺术"作为上大美院"211"工程重点学科建设并申报成功。这标志着把"大美术"办学理念形成的特色提升为学科体系建设，由学科特色转化为强势学科。经过了"211"工程的三个五年计划建设，"公共艺术"学科构架已成体系：为本科专业搭建了公共实验教学平台——公共艺术技术实验教学中心（国家级）；为各专业搭建了提升专业能力的学科平台——公共艺术创作中心（上海市艺术重点学科）；为学科服务社会搭建的平台——公共艺术协同创新中心（上海市2011项目）；为学科在公共艺术领域中扩大影响力和构建话语权搭建的国际平台——国际公共艺术奖和论坛（与国际公共艺术协会共同主办）；为学科的学术积累和引领搭建的学术平台——《公共艺术》杂志（国内公共艺术唯一的专业杂志）。五个平台有机地构成了一个以对接本科教育为基础，以服务社会提升学科能力为目的，以扩大影响力、建立学科学术导向、赢得话语权为目标的公共艺术学科建设体系。近年来，在本科教育、学科发展、服务社会、国际影响、学术积累方面发挥了积极的作用，也显著提升了上大美院整体办学能力。在2012年教育部学科评估全国排名中，美术学、设计学、艺术学理论上大美院均为第7名。相比上海的国际影响力和地位来看，我们美院还有很大的提升空间。

从"大美术"到"公共艺术"，是上大美院办学特色和理念的确立过程，是学科建设推进学院发展成长的方法和路径，是从发挥专业优势顺应社会发展需求到主动引领社会发展需求的转变过程，是从参与社会环境改造和经济建设的硬实力建设到深入社区文化建设、提升城市人的自我认同感和审美品质的软实力建设的转变过程。从"大美术"到"公共艺术"的学科发展思路和历程奠定了上大美院良好的学科基础，在改革开放初期和现在的社会转型期都具有现实的指导意义，为上大美院的学科发展指明了方向。

从"上海首届抽象画展"到"约翰·莫尔绘画奖（中国）及作品展"

上大美院从未间断过担当推进上海当代艺术发展历史责任的角色。上海美术界同样经历了中国当代艺术的"85新潮"运动，上大美院也曾经出现过模仿西方当代艺术形式来对当时美术教育提出质疑的作品，学生上街作行为艺术，周铁海、汤光明等中专学生初生牛犊不怕虎，在校园里自发地组织了针对当下时局不同看法的观念艺术、装置艺术展，引发了各界关注。好在很多老先生非常包容，在保护和引导下化解了矛盾冲突。"85新潮"过后的上海美术界不像内地其他地方的当代艺术那样趋于政治化，而是转向了艺术本体的探索和解决艺术语言当代性问题。上大美院从某种程度上说，参与和引领了这一探索艺术本体的潮流。在20世纪90年代初，上大美院聚集一批上海的当代艺术家，举办了上海首届抽象画展，开创了上海当代美术语言探索的先河。学院教师率先投入其中，陈家泠教授从中国传统绘画语言中探索当代语境下的审美表现；王劼音教授探索东、西方表现性语言与构成，结合传统笔墨章法，追求绘画语言在空间的张力；姜建忠教授在学院派的经典表现基础上结合现代表现主义的手法和形式构成，探索建立当代学院派绘画风格。杨剑平、张海平、宋海东、刘建华、夏阳、蒋铁骊等一批雕塑系的老师们代表了上海当代学院派雕塑创作的追求和探索。上大美院的学术创作骨干们的创作形式多样、题材丰富，在作品中渗透着一种浪漫中不乏理性、空灵中不失沉稳的上海特有的艺术气质，已逐步形成了上大美院的艺术风格。于此，也影响了上大美院的美术教育并培养了一批像丁乙、秦一峰、韩峰、王建国、马良、金江波等在当代艺术表现形式探索上取得国内外同行认可的、具有相当影响力的艺术家。

在国际当代艺术从观念、装置、影像又回归绘画表现的趋势转向时，上大美院于2010年与英国约翰·莫尔基金会合作，引进英国已有五十余年历史的约翰·莫尔绘画奖的赛制，在中国设立约翰·莫尔绘画奖，并举办获奖者作品展。希望通过该活动建立中国当代美术与西方当代美术的对话机制，把中国的当代绘画推向国际，让世界了解中国的当代绘画，更重要的是建立国际语境下的中国当代绘画评价标准。在第二届约翰·莫尔绘画奖（中国）举办的同时还创办了约翰·莫尔绘画评论奖。学院希望在这样一个国际平台上建立自身的评价体系，构建当代绘画的话语权，推动上大美院的当代美术教育发展。该奖项活动已成功举办了三届，第一届大奖获得者韩锋是我院的研究生，他的作品从 3000 余幅参赛作品中脱颖而出，终获大奖。这三届获奖作品与英国的获奖作品在英国利物浦双年展期间共同展出，引发了国际当代绘画界的关注和好评。韩锋、李周卫等的作品受英国美术馆画廊邀请办个展，并被国际藏家收藏。

从"上海首届抽象画展"到"约翰·莫尔绘画奖（中国）及作品展"是上大美院在当代艺术创作和教育上探索的过程，是将当代美术从上海地域视野拓展成为国际舞台上参演者立场的方法和目标转变过程，也是从当代美术创作、教育到建立当代美术评价体系，构建国际当代美术话语权的努力过程。经三十余年几代师生的共同努力，上大美院在中国当代艺术创作、教育的探索方面成绩斐然，有目共睹。

作为地处上海的美术学院，我们与上海在国际上的地位和影响力相比还有一定的距离，还需要付出更多努力。

当我们怀念凯旋路的学术氛围时，就应考虑什么样的教育体制、机制能适应师生的学术自主性，让师生成为教育真正的主人。当我们羡慕兄弟院校的发展时，就应更清醒地认清自身的定位，建好自身的学院文化，自信地发展自己的特色，走自己的路。当我们深感上海发展速度对学院学科建设的压力时，就应考虑学科建设如何能进一步引领社会发展，肩负起教育的历史责任。

我从 1982 年到上海美术学校，经历了天津路、凯旋路、上大路三次校址的搬迁，见证了上大美院的重组、创建、发展、成熟的过程。33 年，对于一所学校的历史而言只是弹指一挥间，但对于个人而言却是将一生最美好的时光奉献给了这所学校。上大美院有今天，是有名字在这套丛书中被记载的，或是没有被记载的全体师生员工共同努力奋斗的结果。希望这套丛书能见证这段历史并献给在上大美院工作、学习过的全体师生员工。

汪大伟
2015 年 9 月

目 录

第一章　艺术人生 ………………………… 1

旅途随笔——王劼音自述 ………………… 3

第二章　艺术教育 ………………………… 41

建议设版画系的报告 ……………………… 43
素描教育感言二则 ………………………… 44
从无到有的版画专业——王劼音版画教育访谈 …… 45
版画专业色彩教学初探 …………………… 49
版画专业色彩基础教学方案 ……………… 51
《复数的风景——上海大学美术学院成立50周年版画分册》前言 …… 52
执教论述 …………………………………… 53
王劼音的版画创作与教学 ………………… 55
新世纪的开拓 ……………………………… 58

第三章　艺术观念 ………………………… 61

走向世界的中国版画
　　——在全国版画艺术讨论会上的发言 …… 63
版画的锐气到哪里去了？
　　——关于青年版画大展的笔谈 …………… 66
奥地利藏书票的启示 ……………………… 68
创作随感 …………………………………… 70
获奖偶感 …………………………………… 73

参加亚利桑那"上海水墨"展后感言 ……… 75
寻找上海 …………………………………… 77
莫高窟随笔 ………………………………… 79
甲方乙方 …………………………………… 81
半岛版画 …………………………………… 83
关于意象油画 ……………………………… 85
上海优秀青年版画家作品展前言 ………… 87
感受时间　感悟时代
　　——2007上海版画邀请展前言 …………… 88
"回望"版画展前言 ………………………… 89
"亦师亦友"画展感言 ……………………… 91
上海和版画的关系很不寻常
　　——《上海现代美术史大系·版画卷》序 …… 92
南阳路228号——回忆老师杨可扬先生 …… 94
"杂家"谈艺录 ……………………………… 97

第四章　评论与访谈 ……………………… 101

对话：视野的宽度 ………………………… 103
精神的风景——王劼音作品简评 ………… 109
精神风景箴言——关于王劼音油画近作 …… 110
无何有乡：混茫圆融的精神家园
　　——王劼音绘画作品述评 ………………… 113
访谈录 ……………………………………… 116
优雅的间离 ………………………………… 120

生命的底色——试析王劼音的绘画艺术 …………… 123	艺术年表 …………………………… 141
此外的画外音 …………………………………… 127	作品图版 …………………………… 151
王劼音的新山水——素淡的韵致与积素之化 ………… 131	后记 ………………………………… 243
云间风度——王劼音个展序 …………………… 134	

　　王劼音，1941年生于上海。上海大学美术学院教授，中国美术家协会会员，中国版画家协会常务理事，上海市美术家协会顾问。1956年考入中央美术学院华东分院（现为中国美术学院）附中。1966年毕业于上海美术专科学校。1986年赴维也纳应用艺术大学及维也纳美术学院进修。

第一章　艺术人生

旅途随笔
——王劫音自述

一

旧上海法租界有条霞飞路，这条路近迈尔西埃路的地方有一条弄堂叫霞飞坊。

所谓弄堂，这种建筑样式似乎北方没有，南方没有，外国也没有，只有上海人听得懂"弄堂"的意思。弄堂的一般格局是这样的：在一个相对封闭的区域内，营造一排排连体的住宅。每一套住宅前面是一个天井，正屋为三层，后面是厨房。厨房上面有四层：两个亭子间和一个晒台，一户人家住正合适。

霞飞坊的房子是红砖墙，黑铁门，比石库门房子要好一些，有卫生设备，但比花园式里弄，如也在霞飞路上的上方花园、新康花园等要差得多。住在霞飞坊里的人，其生活状况便也是中等上下。

我1941年就出生在霞飞坊的一个亭子间里。

霞飞坊现在称淮海坊。沿淮海路的几幢房子已被拆去改建成气势不凡的巴黎春天、美臣大酒店、二百永新等商厦。然而，当人们从车水马龙、灯红酒绿的淮海路步入淮海坊，仍能感受到一种宁静、祥和的旧时气氛。

淮海坊周围的几条小马路，变化不大，也较好地保存着旧貌。在法国梧桐的浓荫下散步，会联想到在这个地区生活过的许多文化名人。有意思的是中国美术史上的几位巨匠，如颜文樑、刘海粟、林风眠、丰子恺、徐悲鸿等，都在这一带生活过。我在淮海坊住了几十年，没有挪过窝，不少朋友劝我到市郊置业。依如今淮海路的地价，我可以在市郊住更好更大的房子，或许是由于某种惰性，懒得动，骨子里还是有些留恋这个地方的气场。我不太相信中国的风水先生，但我认为环境气场对一个人潜在影响不可低估。

家庭环境也同样会深深影响一个人未来的走向。父母亲的基因肯定使你具有和别人不同的密码。我一直认为画家的一幅画，有点像一棵树的某个横断面，从这个横断面可看出这棵树的历史。你先天的、后天的种种因素，都隐藏在这个切片里。不同的树或同一棵树在不同时间段的切片，都不会相同，艺术作品风格的差异，源出于此。

因而，要认识一个人及其作品，恐怕必须先认识一下他的父母和家庭成员。

我父亲是江苏昆山人，原名王裕成，后改名为王允功。兄弟姊妹甚多，大多因肺痨病而早夭。祖父王通儒是个中医，略有家产，但受鸦片之害，身体羸弱，志气消沉，37岁便病故，家庭重担落在祖母唐氏身上。其时，父亲才7岁。由于家境艰难，16岁时即考入免收学膳费的苏州第一师范走上人生奋斗之路。他酷爱艺术，喜欢画画，然而他的画具及画作都为战火所毁，愤而改学音乐，考入南京中央大学音乐系，

1943年，与母亲

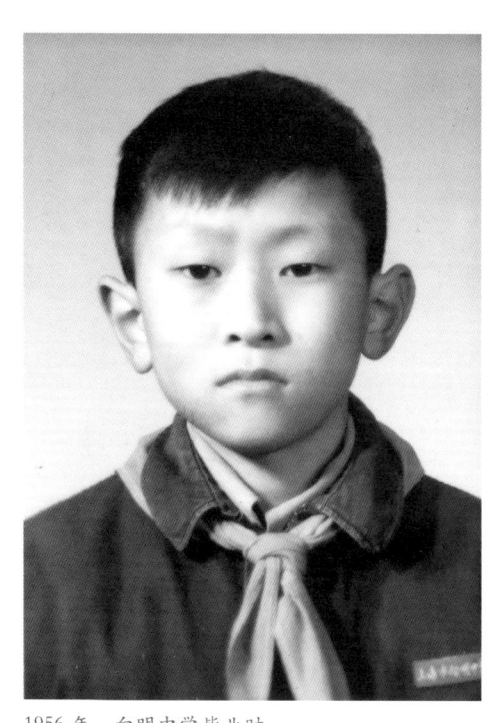

1956年，向明中学毕业时

一面读书一面在许多学校兼课，维持生计。毕业之后到上海中学任教，有了较稳定的收入和生活。他后来执意要让我学画，可能和他没能画成画有关。

父亲的经历养成了他生活非常马虎、工作却极端认真的习惯，即使后来有了钱，也从不出入享乐场所。他给我的恒久印象，就是晚上在灯下伏案工作的一个剪影。我曾画下这一剪影。

抗战期间，父亲因学校课务减少，便在家兼办音乐馆，前后有学生数百人。由于当时外国琴谱不能进口，学生学习音乐发生困难，父亲在朋友的怂恿之下，翻印琴谱。初始的目的并非为了盈利，后来业务不断扩大，开始出版中国作曲家和理论家的作品，如贺绿汀的《牧童短笛》、丁善德的《春之旅组曲》等，以及缪天瑞、钱仁康等人的理论著作。最后成立了上海音乐公司，后改名为上海音乐出版社。这大约是解放前中国唯一的专业音乐出版社。解放后，该社和钱君匋先生的万叶书店和另一家教育书店合并成新音乐出版社，最后迁京成立了人民音乐出版社。

父亲的出版社就设在霞飞坊的家中，我家无形中成了一个艺术中心。老一辈的音乐家几乎都来过我家，父亲和贺绿汀、丁善德、谭抒真、陈又新、马革顺等交往甚密。我家厨房里的一张桌子，据说是马思聪早年出国时留下的。

音乐出版社是个"有声"的出版社，常有人来学琴唱歌。我从小在音乐声中长大，虽不学音乐，却熟悉许多乐曲的旋律，但我并不如有人想象的那样，一面画画一面非要听音乐不可。音乐只存在于我内心深处。

母亲金有芳，苏州人，毕业于江苏省立第二女子师范。母亲年轻时非常活跃，参加过反日学潮，毕业后留校任职。经常参加文娱演出活动，后考入政府审计处任职员。父亲办起出版社后，母亲便辞去公职，在出版社帮忙，操持家务，为子女的成长倾注了全部心血。

父母亲是艺术的忠实信徒，他们执意要把三个子女培养成艺术家。

姐姐王纪音从小学钢琴，父亲为了迫她练琴，少不了威逼利诱。有一回父亲为此动怒，而把一个铁制的壁灯拗成两截。王纪音1947年以钢琴第一名的成绩考入在江湾的国立音专。同年11月，即随丁善德先生远渡重洋赴法，当时才14岁。1948年报考巴黎音乐学院本科，该院对外籍学生限制甚严。当年有300个外籍考生却只招3人。王纪音被录取，一时成为旅法侨界佳闻。她从巴黎音乐学院毕业后成为职业钢琴家，多次获奖。后在萨尔茨堡莫扎特作品国际比赛中获奖，并因此认识了奥地利钢琴家瓦尔特·弗拉许曼，他后来成为我的姐夫，并资助我去维也纳留学。

哥哥王凯音，为人内向，读书用功。高中毕业后计划报考浙江美院，但那年浙美不招生，结果考入了南京师范学院美术系。他想当大画家，不愿做教师，学了一年毅然退学回家，变成了低人一等的"社会青年"。他进上海的画室学画，主要是在新乐路的现代画室，师从陈盛铎先生。1956年他终于考入浙美雕塑系，可惜一年后在新安江工地体验生活，染上大脑炎病休回家。1960年他在中山公园写生，遭歹徒袭击身亡，被抢走普通手表一块。其时，我父亲任教于南京师范学院音乐系，他正在上课，有人突然冲进来递上一纸电文"凯音遇害，速归"。父亲强忍悲痛，不动声色，上完这堂课后才告假回沪。哥哥的重病以及最后的结局，给父母极大的打击。

我从小体弱，患有哮喘病，在发病季节，夜不能眠，父母陪着我坐等天亮。为了治好我的病，不知费了多少心思，试尽各式土方，也曾到南京路一个德国人诊所求医。土洋并举，皆无成效。

由于健康的原因，我学习成绩很差，打架也打不过别人，在班级里一直属于弱势的一群。我的唯一优势是会画画，因而画画成了我的精神支柱。在哮喘病发作的时候，任何药物都不起作用，我会边喘边用手涂鸦，以减轻病痛。绘画确实是伴随我一生的挚友。

我9岁时即被父亲送到哈定先生那里去学画，那时哈定先生住在大沽路，似乎尚未开办画室。我是哈定画室最早也是最小的学员。哈先生的教学是从临摹着手，开始的功课是照着一套法国素描范本，练习画铅笔线条，由细到粗，由疏到密，构成一个个长方块，以后慢慢临摹具体的物象，并对着实体写生。

父亲办出版社，和印刷、装订厂很熟，把我的所有作品都很正规地装订成册，使我很受鼓舞。

北京、广州等其他城市大约也都有画室，我没有调查过，但印象中上海的画室似乎数量更多也更活跃一些，是上海的一个非常值得关注的特有的艺术景观。然而，有关上海的书，有关上海美术的书，对上海的画室都是忽略的。

上海的画室其实是欧洲艺术在上海的一块"飞地"。画室的一套教学方法全然都是欧化的。解放后的画室和当时社会上急风暴雨式的阶级斗争有一点小小的隔膜。画室的学员，大部分是所谓的"社会青年"，往往"家庭成分"都不太好。画室奇妙地成为这"一小撮人"研究欧洲艺术的一方乐土。当然这样的局面是不可能持久的，到"文革"时，画室便遭灭顶之灾，彻底消亡。上海的画室出了一大批非主流的、当时不可能被社会承认的美术人才，后来，这些人中一部分被吸纳进入出版社等美术机构，一部分考入美术院校，"改邪归正"投入苏派阵营，一部分却是"潜伏"下来，在改革开放后显现出他们的艺术才华，成为海派美术中的重要一翼。写上海美术史，决不能越过画室这一特殊的章节。

1953年我考上市立向明中学，很意外。我的两个好朋友，赵正中和王嘉屏成绩

《哈定老师》　速写　23cm×10cm　1951年

《淮海坊一景》　水粉　18cm×23cm　1959年

1959年，父亲在家中看作者作画

比我好，却只考上私立位育中学（他们后来都毕业于北京钢铁学院，不知现在何处）。我在初一（3）班读书，班主任叫刘月英。回想起来中小学老师是真正的无名英雄，我们初一（3）班后来出了不少高级医师、建筑师、工程师等人才，但周围的人决不会把这些名人和一个叫刘月英的普普通通的初中女老师联系起来。

向明中学的美术老师名叫邓丁白，对我们一伙爱画的学生影响很大。我们曾到他家中拜访。他住在静安寺附近的一个大院里。今天向明中学校门柱子上的两块浮雕，即出自邓老师之手。

在哈定画室学画是"纯艺术"。在初中时我积极参与校内少先队的宣传活动，办墙报、画报头、写美术字等，接触到为政治宣传服务的艺术，得到了另一种锻炼。我和沈兆荣都是队报《齐步前进》的美术编辑，我们同时考入浙美附中，有意思的是他后来成为书籍设计专家，在国内外多次获重大奖项，五十年后从学林出版社美术编辑的任上退休。

二

1956年，我和哥哥王凯音同时赴杭州，他考入中央美术学院华东分院雕塑系，我考入该院附中。

我因体弱多病，在家备受呵护，一下子离开家庭，离开上海，对集体生活很不适应，独立生活能力很差，什么都是从头学起，到附中住读可说是迈出人生的第一步。

我们这个班是附中的第三届。后来被称为"老高二"。全班40人，少数同学来自江苏、福建，其余全都是上海和浙江的。我们住在孤山上的"青白山居"中。"青白山居"是国民党将领杨虎的私宅，后划归浙江图书馆作藏书楼，是一幢较典型的20世纪二三十年代那种现代风格和民族风格结合的式样，和上海五角场的旧市府大楼、博物馆等属于一个类型。

班里的同学都住在楼上，我和史美良（史一）、金世中、王昌晋、周大正五人却被安排住在地下室内，非常潮湿，早上醒来会发现脸盆里有蛤蟆，墙上爬着蜥蜴，洗脸、刷牙都要跑到山下。吃饭八人一桌，一个铝质脸盆盛菜，饭放在木桶里，由桌长分菜，伙食标准一个月八元五角。对我而言，生活方面和上海家里相比天差地别。但是孤山上的环境却是世界一流。那时杭州游人很少，整个孤山便是我们的校园，读书写生不亦乐乎。

文化课是在青白山居旁的朱公祠内上。朱公祠是宋代朱熹的宗祠，庭院方正，松柏成荫，鸟语花香，蛙鼓蝉鸣，长满青苔的砖石小径曲折蜿蜒。朱公祠门外是马路，有几株可三人围抱的大樟树，应是建祠时所栽，虽远不至唐宋，也是元明之物，马路边西湖畔，自然少不了柳树婆娑。湖里有学校自备的小白船，系总务科老师阮传文监制。课余可到湖中泛舟，我最喜一人摇船到荷花丛中，仰头望天，让船儿随风漂流。当时的物质生活用现在的标准衡量，可以说是十分艰苦，而精神生活却是异常灿烂。可惜这样的幸福生活非常短暂，回想起来像做梦一样。

附中的专业教学基本上是苏联模式，完全不同于上海画室的西欧式教学。上海画室里画静物、石膏、风景和人物，并无创作和习作的区别。而附中教学则强调创作，以培养列宾、苏里科夫式的能画主题性创作的人才为目标，因而很重视速写、构图和创作练习。记得秦大虎的一个构图练习，画西湖边几个学生买烘山芋吃。山芋非常烫，同学在用嘴吹，画中描绘了想吃而吃不到口的有趣情节。构图练习很强调这样的情节性。

附中的素描和色彩教学和画室也完全不同。苏式素描是削尖铅笔在纸上作十分深入的刻画，带有研究性质，一张作业要画几十个课时。而画室素描却以短期为主，常喜用木炭，带有表现性。苏式色彩作业喜欢反复叠加，用色并不透明，力求塑造出对象的空间感和质感，如油画般厚重。而画室里则流行轻描淡写、逸笔草草的水彩。于是中国的学院里，特别是附中阶段色彩教学往往以不透明的水粉为主。水彩则是院外"在野派"的拿手好戏。

当时附中走廊里常陈列列宾美术学院附中学生的作业，这便是我们的楷模。一到周末，大家便徒步经过白堤到城里去抢购苏联出版的《星火》《艺术》《创作》等杂志及画册，在中苏友谊馆看苏联电影，自修课上分几个声部哼唱俄罗斯民歌，那真是一个"全盘苏化"的年代。

1956年冬，"十八、十九世纪俄罗斯绘画展"来沪，学院准备组织师生赴沪参观此展，并未考虑附中，因而引起附中学生群情激昂，大声疾呼，终于赢得可与大学部一同前往上海观展的机会。我们住宿在黄陂路体育宫的三楼，赵延年先生那时尚未调浙，专门来看我们这帮小鬼，并作了很长的讲话，讲他抗战时的经历，国家沦陷的悲痛。

我们在上海美术馆终于看到了列宾的《黑女人》、赛洛夫的《洗马》、库因兹的《黄昏》等名作，真正拜倒在俄罗斯艺术的脚下。这次朝圣，完全奠定了苏派在我们心中的地位，从此我便认为上海画室的教学路线是不正确的，只有苏派才是正宗。

我们这个班级聚集了各方面的人才，有进附中前即已有作品发表的专业尖子，也有各怀绝技的文体骨干。我们的专业基本训练非常严格，大家也十分刻苦，但课后却很自由，思维活跃，花样百出，玩得也痛快。两者似乎并不矛盾，只是给我们的老师带来了太多的麻烦。附中的老师都非常年轻，班主任陈翔龙老师刚从大学毕

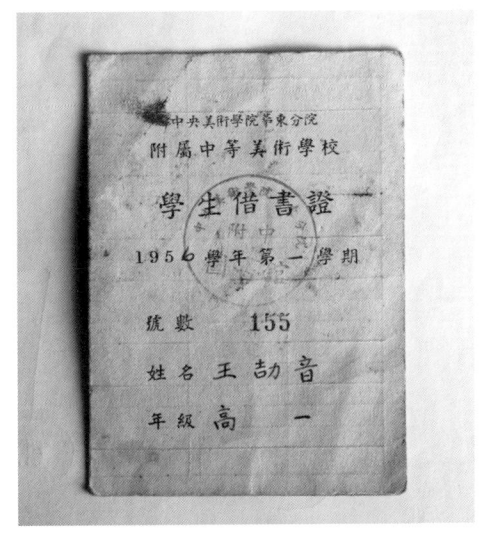

中央美术学院华东分院附中借书证

《西湖戚继光纪念塔》水粉 22cm×14cm 1956年

1959年，上海人民公园灯柱下

业，整天和学生在一起，对我们这些小孩从学习到生活关怀备至，操了不少心。

处于某种大一统文化环境下的人，反而会生出一种对异质文化的好奇，想方设法在当时流行的答案之外去寻找一些"非主流"的东西。我喜欢寻找不同，寻找差异。

我发现即使是"全盘苏化"之下，我们对苏俄绘画的认识也有很大的局限。人们往往只认列宾、苏里科夫这条主线，而我却对另一条线如涅斯切洛夫、弗鲁别尔、科林、德涅卡等画家更有兴趣。改革开放之后，我们才知道了过去被苏联官方所封杀的马列维奇、夏加尔等大师级人物。

我们有时受制于别人，只能从别人在当时形势可能范围下所开的一个小孔向外观察，更多的是受制于自己。外部世界宽大无垠，而我们只习惯于看那些别人告诉我们应该看的东西，我们只看我们习惯看的常见的东西。

当时还能看到苏联之外东欧社会主义国家的艺术作品。这些作品虽也歌颂社会主义，但在表现手法上和苏式大异其趣。其中东德的培海勒、罗马尼亚的柯巴巴等都对我有影响。

此外，对那些当时被定性为"资产阶级没落腐朽"的艺术作品，我们并不理解，甚至也不喜欢，但充满好奇，渴望了解。

某晚自修课上，史美良的一张水彩纸飘落地上，一只绿色大蛾子停落其上，正好胡南开走过，一脚踩死了飞蛾。白纸上飞蛾残骸以及踩出的红、黄浓浆，加上大半只黑色球鞋印，引发了胡南开的审美神经，以为是一幅天然的抽象画，就此取名《爱情和悲剧》并盖上印章，贴到墙上，引起包括我在内的不少同学的冲动，即兴作了不少这样的"抽象画"，俨然一个小型展览。这个展览随即为领导所制止，在以后的政治运动中，这个展览被定名曰"废画展"。胡南开系国民党高干子弟，日后倒了大霉，"废画展"也是罪状之一。

"废画展"使我明白，原来画画的事情，弄得不好会变成政治问题，我自然不敢再造次。

附中有西湖、孤山这样优越的自然环境外，又因其附属于美院的性质，使我们能经常蹿到大学部去听讲座，观摩大学生的杰作，参与各式艺术活动，也企望能远远一睹许多著名画家的身影。

从附中散步，经过中山公园、浙江图书馆和浙江博物馆，就可看到位于外西湖18号大学部的镂花铁门。门后便是有着希腊柱式的陈列馆。馆前有一株古树，每到秋季便有大群白鸟在此驻足。当年黎冰鸿院长，西装革履，派头十足，他喜好打猎，曾打下大白鸟，作为静物画的道具。

那时的美院里似乎还能感受到以林风眠为校长的国立艺专的一些气息。我们一定在无意中受到了灵光的折射。

1956年，是一个值得留恋的年份，女生唐克美在孤山写生巧遇周恩来。共和国总理并无大群随从，非常自然，非常随便，和小女孩亲切交谈，真是一派太平盛世的样子。有一回我则碰到了在杭州疗养的西班牙共产党总书记伊巴露丽。一个外国老太太，独自对着西湖发呆。

1957年暑假结束，从上海返校后，学校从孤山搬到了南山路98号。一年后中央美术学院华东分院就此变成浙江美术学院。我们告别平湖秋月，走向柳浪闻莺。我利用附中的小白船搬家，装上行李，荡桨横越西湖，回头看看远去的孤山，以及雄踞山顶的"青白山居"那一片灰绿中的蓝色琉璃瓦屋顶，自有一番别样的滋味。

美术学院不仅搬了地方，而且面临一场大风暴。

这场叫做"反右"的风暴打破了我们平静的生活。一夜之间院长莫朴，一个延安出身的老革命，忽然沦为"反党头子"。平时我们所尊敬的院长、教授，被画进巨幅漫画中，贴满全院。这便是美术学院在政治运动中的优势。这些漫画十分肖似本人，作者的艺术功底可见一斑，他们的功底正是来源于此刻被他们丑化的专家教授。

我印象最深的是著名版画家、新四军老战士张怀江先生，作为整风办公室主任在大会上作报告，24小时之后，他却成了反革命。这种急速的政治风云变幻，令我们这些少年莫名其妙。

《自画像》 油画 1956年

从此政治运动多于专业学习，批判老师，批判同学，批判自己。挖空心思揭发老师的罪状、同学的罪状、自己的罪状。大学部揪出了右派同学。大约考虑到附中学生年龄太小，整出右派来真是有些荒唐了，于是附中就改成重点批判，定下三四个学生作为重点批判对象，日夜"炮轰"。

在这种政治空气下，谁都不想成为革命对象，个个都想挤进班里团员、干部、先进分子的一群中去。专业学习已经变得非常不重要，过去向往要做大画家，现在则梦想变成保尔·柯察金式的革命家。

被批判者的罪状日长夜大，从无到有，从小到大，其中胡南开最终被勒令退学，不久即变成反革命送进大牢。

胡南开并未做什么杀人放火、伤天害理的事情，他只是调皮捣蛋而已，学校、家长自可严加管束，何至于落到如此下场。

"进去"的只是一个胡南开，却给所有人一个警告。我们从此变得规矩、呆板、拘谨，不敢有自己的思考，不会幽默，不会狂欢。这几乎是一代人的标识。

许多老艺术家解放后创作走入低潮，依我看和这段历史有关。

在电视里看希腊奥运会开幕式，叹为观止。我觉得搞这类大型文娱表演，我

《浙江美术学院陈列馆旁之炼铁炉》
水粉 17cm×27cm 1958年

们总不如国外。现在国家舍得在这上面投钱，因而在经费方面相信没有问题。这类表演都含有一些高科技的手段，我们也做得到。具体落实到导演、演员、舞美等各方面，我国都有优秀的人才。问题出在我们缺乏幽默感，不会开玩笑，太一本正经，或者知道一本正经是个病，故意去弄些"轻松"，结果看了还是叫人难受。

据报载，在我国某省举办"首届世界大城市高层论坛"，中国的市长们发言千篇一律，用的是国内政治生活中长期使用的那一套"话语系统"，看来也是同样的毛病。

"反右"，已经离我们很远了，社会已发生了巨大变化，然而某些深度的病灶还在隐隐作怪。回顾过去，联想到今天，忽然有些感想，扯远了，还是回到浙江美院。

"反右"之后就是"大跃进"。

十五年赶超英国，全民办钢铁，于是乎在陈列馆边上建起了炼钢炉，把钢铁投进去，炼出一种蜂窝状的东西来。伟大领袖又说要以粮为纲，于是就在大楼边水泥地上开荒种地，而且地挖得很深，当时的理论是要高产就要深挖，为了这块地，女生贾夏荔当场昏倒，最后种出了什么来，却无人知晓。

还有一件大事就是"除四害"，消灭苍蝇、蚊子、麻雀、老鼠。我们深夜出动，带上蚊帐、电筒，到野外竹林里去抓麻雀。也有同学想出妙法，把鼠夹送到远郊农民家中，过几天再去那里收获老鼠，以完成除害指标。记得有一次大队人马开赴杭州的风景区水乐洞去拍苍蝇。我至今不明白为何要选水乐洞，那里的苍蝇不见得比别处多。或者竟是让同学们可以边除四害，边欣赏风景，来个革命休闲两不误？

回想起来，那时的生活场景虽然十分荒唐，倒也很丰富多彩。没日没夜地干着这些可笑的事情，却自以为是在做着革命家的工作，和保尔·柯察金穿着褴褛的衣服修铁路有着相同的意义。

"深入生活"是美术学院教学中的重要内容，也是中国特色。"深入生活"是主题性绘画创作的重要一环，比如列宾创作《伏尔加纤夫》，他待在家里空想是画不出来的，他非要到伏尔加河畔去体察民情，收集素材，才能完成这件作品。我们基本上承袭了俄国批判现实主义的创作方法，但有一个原则的区别，即不再需要艺术家去反映民间的疾苦，我们的任务是歌颂工农兵的英勇事迹，这便是所谓的革命浪漫主义和革命现实主义相结合。

如今美术学院学生搞主题性创作的人极少，因此尽管还有"深入生活"的名目，其内容已经完全异化了。一般有两种模式：一是到少数民族地区去猎奇，拍些照片回来；二是蹲点上风景写生课，住空调房，饭店包伙，汽车接送。

当年附中深入生活，都是自带铺盖，分散住在农民家中。长途固然坐车船，短途就得背着行李步行。不少同学都有自备的羊角扁担一根，这种扁担比较软，两头往上翘，形似羊角，故名。羊角扁担挑行李要轻松些，我们都学会了这一手，而且能一面行走一面换肩，技术很熟练。

第一次下乡到武康三桥埠，一个班级完全打散，最后我和胡振玉（胡震宇）分在一个村子里，但又分到不同的农家住。这对我而言有点像三级跳远，先是从上海跳到附中，现在又忽然落户到一个陌生农民的家中。在附中毕竟有同学，有老师，有温暖的集体，而现在是真正的举目无亲。我所落户的农家对我很是照顾，但与我毫无共同语言。收工后能在小河边和胡振玉大哥讲几句话是一天中最舒心的事。

农村的夜非常黑，房子从里到外都是黑乎乎的，点油灯、烧灶头，室内都熏黑了。蚊子很多，要用蚊帐，南方潮湿，蚊帐一股霉味，钻在里面睡觉对我健康非常不利，经常诱发哮喘，但也只能挺着。

《新安江工地速写》水粉 16cm×27cm 1959年

这是真正的和农民同吃同住同劳动，实实在在当了一回农民。插秧、车水、挑粪，劳作十分辛苦，吃的却是以素为主，偶尔有些河蛤、田鸡、鱼，大米不够吃，因而用小土豆充作主食。

插秧时腰间挂个小竹筒，里面放点盐，秧田里有不少蚂蟥，喜爬到人腿上吸血，抓住了就塞到竹筒里，但是插完秧两腿总还是血淋淋。

"大跃进"时代打破了原来日出而作，日落而息的节奏，提倡抢收抢种，提倡挑灯夜战，弄得人困马乏，其实并未提高多少效益，只是表面上看起来比较有声势，似乎很革命。这种追求革命形式感的做派至今还常能见到。

我家的物质条件，和真正的上海资本家比，差距甚大，但是和乡下农民相比差距也大。我这样一个城里饭来张口、衣来伸手的少爷，在农村才真正体会到生活的艰辛，真正懂得底层百姓所过的日子。回想这段生活，看来是上帝赐给我的一种磨练，这对我今后在人生道路上的跋涉是弥足珍贵的。

我们经常下乡，除武康外还去过许多别的公社，尽管也画一些速写、风景，但都是以劳动为主。1959年，全班分头下生活，我和史美良、周大正、朱秉衡到新安江水电站工地，这次却是以创作为目的。第一次到大型建设工地，非常激动，几乎整天在工地上画速写。因为画电焊工而眼睛发炎，几天都睁不开眼。

版画系张玉忠老师和我们一起到新安江，对我们的专业学习加以指导，使我们收获很大。后来我搞了一套组画，共四幅，有些套色木刻的味道，可以看出张老师的影响。

每次"深入生活"，我们也参加一些基层的文化工作，如扫盲、出黑板报、画壁画、布置会场等，在新安江工地也不例外。有一次临时接到任务，到工地党委宣传部搞一个展览布置，一直干到晚上12时，宣传部的同志安排大家当晚就住在那里，

1968年，在上海铁路机务段深入生活

可是我却不能，因为我每晚要吃一片氨茶碱才能睡觉，否则哮喘即会发作。那天药并未带在身边，于是我只能返回住地。平时从住地到工地要坐小火车，这回只能步行，史美良却愿意陪我回去。顺着那条白天繁忙，此时却空无一人的公路往回走，两边是黑黝黝的山头，中间是闪闪发着微光的新安江，满天星斗，我们聊着天赶路。聊了什么，已经淡忘，但不知为什么，这个场景却永远刻在了心头。等回到住地，鸡已叫头遍，天色微亮矣。

我在班里年龄较小，不少同学都是考了几次才考上，有的已经工作了，再来考附中，年龄较大也成熟些。像史美良、胡振玉他们对我而言就像大哥哥了，对我帮助甚大。

史美良是浙江鄞县人氏，走南闯北几十年，至今一口宁波腔。他自幼丧父，母亲则是一位纺织女工，本属于"根正苗红"的"红五类"，但不知怎么在运动中却挨了批判。现在回过头来分析，史美良比较直率，也喜欢发表一些自己的意见，不太懂得迂回曲折的一套，因而很容易受伤。另外，他又是个杂家，看的书多，知识面广，文笔很好，脑中经常会有奇思异想浮现出来，这在文化专制的时代也是犯忌的。

附中的教学因为"教改"一直处于不稳定之中，当我们读到三年级时，忽然抽调了一批同学，如前面已提到过的沈兆荣、秦大虎、唐克美、贾夏荔以及王维新、梁洪涛、韩黎坤、孙锦铭、瞿然馨等人跳级荣升大学部各系。

三、四年级抽走了一批优秀人物之后，剩下的同学合并为一个班级，大家一起读高四。

并班后我们参加了一次很有收获的创作活动，全班同学到戚墅堰机车厂去，集体创作了一套反映该厂厂史、名为《火车头颂》的连环画。

我们按老规矩自带行李，没想到这回却请我们住招待所，被头床单雪白，一帮在泥水里混惯了的学生，反而有些不知所措了。

机车厂非常入画，高大的车间，阳光从天窗上斜穿进来，蒸汽机车头黑乎乎地开进"房间"里来，呼哧呼哧冒着气。车间的一切声音都被成倍地放大，讲话都有回声，这种气氛令人难忘。后来我一直对火车头有好感。1968年曾到上海机务段，随火车头跑了一次南京，帮助司炉工，将煤投入熊熊的火炉之中，这其实是"苦力的干活"，但当时，面对那火光，心中会有些自豪感，也会引发许多思绪。后来我曾在不少连环画插图中用上在机车厂所得的印象。

《火车头颂》的连环画创作是一次大型的集体创作，每人分到一些文稿，根据文稿的要求，勾小草图，同时到车间里去收集素材，访问老工人，最后完成大稿。这仅是半成品。接下来由班里的几位高手如吴山明、付伯星、刘国辉等在此基础上精细化，勾墨线，直至完成。几位高手也有分工，有的专画人，有的画景，只有这样才能保持风格上的统一。

通过连环画创作，我们在造型能力、构图能力、空间想象能力方面都得到了提高。一直画长期的课堂作业，对着石膏像或模特儿仔细描摹，很容易落入某种僵化状态，以至于离开模特儿便没法作画。连环画创作实践，恰恰是对长期素描作业的极好补充。

由于我原来就体弱，不分昼夜的革命和繁重的体力劳动，超出了身体的承受能力，终于病倒，得的是结核性胸膜炎，不得不休学回沪。这时，离开附中毕业只差一个学期，我心里非常矛盾。一方面很羡慕同学们能读完附中，另一方面，当时真有一种精疲力竭的感觉，实在也很想回到家庭的港湾中去靠一靠。

在写生中

1960年，我回到家中休养。此时的淮海坊，和比邻的另两条弄堂之间的围墙已被拆去建了炼铁炉，而每户人家的拱型铁门也被拆去做了炼铁的原料，以简陋的木门替代。

遵医嘱我需要卧床休养，并定期到结防所去透视、检查。母亲对我这个病人，自然是全力以赴，予以最好的照顾。我又恢复了饭来张口、衣来伸手的生活，然而，我已不再是当年的少爷。

经过附中那几年严酷的政治运动以及在农村、工厂的劳动锻炼，每个人都有了改变。我真心实意地投身革命，而且变得非常激进。这大约也正是发动这些政治运动的人要达到的目的。

我在附中终于加入了共青团，我的入团介绍人是朱秉衡和凌瑛如。朱秉衡是上海嘉定人，却讲一口普通话，齐耳短发，腰间束一根皮带，棉袄经常是披在肩上。熟读马列，却并不很教条，还有些人情味。她乐于参加各种政治活动，发表讲话，完全是一个女革命家的做派。令人联想起《钢铁是怎样炼成的》中的丽达，《青春之歌》中的林道静。

我到上海后，马上到团市委（位于今日陕西北路的马勒别墅内）去转组织关系，到街道报到。里弄里的"休养支部"由因病休学在家的团员组成，听说来了一个新人叫"王洁英"，遂派了三个女团员上门探视，闹了一个有趣的误会。

我的健康状况慢慢好转，不必完全卧床了，于是成天开会，参与组织许多活动，天真地以为自己真的能成为一个青年布尔什维克。后来我才明白，一个并非工农出身的青年很难得到组织的信任。今天的青年根本不知道"家庭成分"意味着什么，当时这个"家庭成分"先天性地决定了你一生的命运。于是出现了一个奇怪的现象，大批青年在党的教育下，走上革命道路，但最后他们又被无情地拒之门外，满腔热情碰到一个冷面孔。许多人因此而转向专业领域，把自己对革命的忠诚投入到专业

1959年，上海长风公园

研究中去，成就了一大批非党专家。

由于回家休养，我失去了上学的资格，看到同龄人意气风发走进学校，有时不免情绪低落。可能受了俄国小说的影响，即使在顺境之中，我也很少阳光灿烂，开怀欢乐，总带有一些俄罗斯原野的灰色调。

附中同学对我的境遇非常同情，经常给我写信，并来探视病中的我。有一次徐振武（徐希）到上海，顺便来看我。我住在八平方米的亭子间里，光线暗淡，他注意到墙上我的一幅自画像，神情忧郁。另有一位同学，山东人董国柱，经上海回山东也特意来看我，他充满朝气，给我带来了一屋阳光。同学们都不希望看到我消沉。

读同学的信以及给他们回信，成为我生活中的一大快事，往往写信写到深夜。那时家家都有老式座钟，听着远远近近、高高低低的钟声此起彼伏敲响十二下时，思绪便会飞到南山路98号附中那幢西洋式中国化的两层小楼中去。

有一年，到杭州参加艺术活动，我抽了半天时间到母校寻访。在南山路的旧址上矗立着气势不凡的中国美术学院的庞大建筑，已无一丝旧踪可寻。那规划设计师似乎决然要人忘却历史，割断传统。也许吧，回忆或者真是没有什么意思，谁陷入回忆，必已近黄昏了。我在母校门口徘徊片刻，那感受颇像一个落魄游子，回到今非昔比、已是豪宅的旧家，就怕被只认新贵不识旧人的门房赶将出去，终于不敢贸然进入，掉头走向西湖边。好在那湖边柳树，看来还是昔日那几株。（后来我才知道，美院几乎成了旅游景点，任何人都能进去参观。）

当我在里弄里起劲地"参政议政"时，我附中的同学，不少已升入大学部深造。和我来往较多的史美良、宋珍妮等都进了版画系。他们经常给我一些学习方面的信息和资料，还赠与我多幅以赵延年、赵宗藻、舒传熹先生的版画原版拓印或用石版转印的精彩作品。我慢慢转向版画。

还有一个人对于我走上版画之路也十分关键。

抗战胜利后，我的四舅舅一家从大后方回上海，曾在我家暂住。四舅舅家的大女儿金毓蕤，在这期间开始学琴，后来考入上海音乐学院。她和中央美术学院版画系学生谭权书相恋，谭权书毕业后留校任教，他们结婚后便定居北京。我到北京必去他们家，好几次都住在他们家中，看画册、翻资料，听已是我表姐夫的谭权书讲版画，看他刻木刻。他陪我到王府井大街去买木刻刀、滚筒等工具，借给我许多听课或讲课的笔记，不遗余力地将我拉入了版画的阵营。谭权书现在是中央美术学院版画系的著名教授，国内许多中青年优秀版画家，都出自这个系。老谭可谓是桃李满天下，只不知他是否认可我这个编外弟子。

在家休养一年后，我基本康复，可以返校学习了，但浙美附中对我的复学要求不置可否，予以拖延，打起了"太极拳"。于是我有了转学上海的念头。

人们都知道刘海粟创办于 1912 年的"上海美专"，以及名闻遐迩的"模特儿事件"。许多人，甚至许多美术界人士对成立于 1959 年的"上海市美术专科学校"不甚了解，往往把两所学校相混。其实刘海粟的"上海美专"，在解放初的全国大专院校院系调整时，已逐步变成了南京艺术学院。

我想转入的是那所新办的"上海美专"，当时该校已招有本科四个系学生 56 名，预科四个班学生 100 名。

直到今天，要在中国转学还是很复杂的一件事。我父亲不得不去求助于他的老朋友，时任上海美协副主席的丰子恺。丰老出面和有关领导打了招呼，我才得以转入上海美专学习。但没有合适我的班级，我在杭州读到高四，上海美专只有本科二年级或预科二年级，我没能跳入本科，只得连降两级读高二。

上海美术专科学校韬奋楼

三

在杭州我是班里的小鬼，到了上海却成了班中老大。我被插到预科三班，班主任是俄文老师童儁。我在一次班会上发言说，要画出好画先要做好人（其实此话未必正确），颇得童老师青睐，后来就当上班长，我对班干部工作非常投入，杭州附中的革命精神在上海又继续下去。

当时上海美专在陕西北路 500 号，离开我家很近，坐 24 路电车，只有两站路，但学校却规定要住校。预科的宿舍已满，我这个插班生就插到了雕塑系的宿舍里，和杨衍泽、严友人他们住在一起。

陕西北路 500 号，原是犹太人 1920 年在上海创立的"亚海尔辣西而"教堂，又称"西摩路教堂"。教堂之外，还有一幢非常结实、浑厚的四方形楼房，原为犹太子弟小学。大理石建筑，希腊柱头，马赛克镶嵌地坪，墙上的爬山虎，细密高耸小竹编就的黑色篱笆……这一切都给我留下深刻的印象。一年后美专又迁至原圣约翰大学旧址，占用了圣约翰的主楼——"怀施楼"，此楼原为纪念该校创始人施约瑟而得名，解放后改名为"韬奋楼"。起伏逶迤的大草坪、钟楼、哥特式尖顶小教堂，还有两株六百年以上的大樟树，须五六人方可合抱，其树冠足可覆盖一个篮球场。我常爬到树上，躺着读书。据说此树在"三年自然灾害"期间被社科院锯掉和嵊泗渔民换带鱼吃，作孽。

西摩路教堂和圣约翰钟楼所构建的那种氛围，和我在杭州学习时的"青白山居"和"朱公祠"恰恰形成了强烈对比，这种环境的差异，或许暗含了沪杭两所学校不同的内在气质。

青年时代

从政治大环境而言,也出现了一些变化,急风暴雨式的"反右""大跃进"已经过去,狂热之后有些复归理性的意思。文艺界也在慢慢复苏。此时的上海美专,自然和彼时的浙美附中,有了很大的不同。浙美附中的后两年,专业学习已经降为次要,美术学院好像在培养职业革命家(后来也确实出了不少政治风云人物);而在上海美专,教育秩序已比较稳定了,政治运动的色彩也渐渐减弱,校长沈之瑜又是一位一丝不苟、治学严格的红色学者。

上海美专有一流的艺术家执教,和我们预科同学接触得最多的是直接教我们专业基础课的孟光、许力民、何志强等老师。记得有一年到苏州光福去体验生活,孟光老师对学生说:"我们这些人都是铺路石子,你们要从我们身上踏过去。"有这样一批老师带领,学习气氛自然浓厚,课堂之外人人抓紧画速写和"小风景"。在上海美专预科两年的学习,使我补上了因在浙美附中"参加革命"而耽误了的学业,打下了坚实的专业基础,我的留级成了真正意义上的补课。

沪杭两校的环境有所不同,气息有所不同,但在具体的美术教学要求上,却是全国一盘棋的。我在杭州学的东西,完全能和上海的教学接上轨。大家都是苏式,因而没有任何的不适应。上海美专是一所新办的学校,而浙江美院毕竟是有底蕴的老牌美术学院,因而我人在上海美专,却一直和在浙美学习的老同学保持着联系,以期较快地获得他们那里的专业学习信息。

有一年假期,史美良、宋珍妮返沪,告诉我他们遇到了一个奇怪的素描老师,他的教学和苏联模式不同,改变了评判标准,结果原来成绩好的学生差点不及格,而原来成绩差的学生,却得了优秀。这个老师就是从东德留学回来的舒传熹,他在苏式一统天下的死水中投入了一块小石子,引起一场争论。史美良、宋珍妮详细谈了他们上舒老师课的直观感受,并提供给我舒老师的文章和素描照片。我看了舒式素描,觉得苏派的素描相比之下显得软弱和表面。从进附中开始便以苏派为正宗,攻读"契斯加可夫",削尖铅笔作几十课时的搏斗。尽管如此,我却始终还长了另一个眼睛,课上画苏式作业,课后却去临摹印度阿旃陀壁画或墨西哥阿兹特克人的雕刻。就像一个人,天天吃土豆烧牛肉,自然会想方设法去吃一些别样的东西。现在接触到舒传熹,我一下子就被他打动。舒传熹动摇了我对苏派绘画的信仰。

上海美专也经常组织学生下乡参加劳动,同时把专业课带到乡下去上,画速写和风景,为创作积累素材。有一年到松江天马公社,回来后,我画了一幅水彩画《晨》,描写拖拉机手清晨准备出工的情景,完全的"苏式"。这幅画参加了校内的汇报展,后来不知怎的居然被刊登在《少年文艺》封底彩色版上,这是我的独幅创作首次上出版物,非常兴奋。后来我和上海少年儿童出版社关系很不一般,为他们画过不少连环画、插图等，但至今不知当初选登我处女作的编辑是谁。出版社的编辑，选了个无名小辈的一幅画或一篇文章，是他的日常工作，但他们的日常工作，却会深刻影响这个无名小辈未来的走向。

预科快要毕业了，学校非常重视这一届学生的毕业创作，组织较强的师资和后勤人员带领同学赴苏州光福体验生活。我和王永强、吕吉人等对太湖边的渔民产生了很大兴趣，每天带上干粮走十几里路到渔船上去。结果，王永强画《起锚》，我画《扬帆》，近似连环组画。《起锚》是灰色调，有风雨欲来的气氛。我的《扬帆》则是红色调，营造霞光万丈的感觉，是受到普拉斯托夫《拖拉机手的晚餐》之影响。

《扬帆》 水粉画 预科毕业创作 59cm×76cm
1963年

当时的创作似乎有这样的倾向，要将人物置于一个理想化的环境之中，做出一些理想化的姿势，非常接近经过排练的舞台亮相的动作，和实际生活有很大距离。艺术家习惯于对生活进行"艺术"加工，把朴素真实的东西虚假化，类似于将古董家具油漆一新。今天所流行的那些有着香车美女和豪华场景的电视剧，比生活要"美"得多，但人们往往宁可看纪录片，因为后者真实。

1963年7月，预科学生毕业汇报展在上海美术馆展出，社会反映很好。结果王永强的《起锚》、吕吉人的《赶结渔网迎渔汛》以及我的《扬帆》，都被报道画展的文章提及，也可算是预科学习的一个较好的句号。

预科学习期间，虽然没有什么大的伤筋动骨的政治活动，但却让我尝到了这类政治运动对经济造成巨大损害的恶果。国家陷入"自然灾害"之中，老百姓吃饭成了问题。那时，我母亲在天井里养了一群鸡，鸡蛋可自给自足，充分发扬了南泥湾的光荣传统。餐桌上的汤我取名为"西湖水"，系用酱油冲水而成，上面飘着少许葱花，活像西湖上的游船。

我家老保姆是安徽人，她的女儿从家乡逃到上海，说是那边饿死了不少人。我作为团干部，自然只相信社论，不相信会有这种事情，对她进行了严肃的思想教育。

当我们将从预科毕业时，上海美专却面临危机。因国家进入调整时期，凡"大跃进"时期上马的学校都要关门。上海美专本科不再招生，预科的同学只好各奔前程。美专领导为了留住人才，变着法子办了一个大专性质的"上海市美术训练班"，留了18个同学"继续深造"：3人学油画，3人学雕塑，还有12人学工艺美术。我考上海戏剧学院舞美系落榜，就被分到训练班，学工艺美术。

总算有大学可上，也是好事。但我对工艺美术毫无兴趣，那时的孩子学画如果不是为了好玩，而有什么理想的话，就是长大了要当画家。这画家自然是头戴法兰西帽，手拿调色板的油画家，因而在美术学院里油画系的地位最高，而工艺美术系则低人一等。工艺美术专业现在叫美术设计专业，非常吃香，真是六十年风水轮流转。

图案临摹　学生时代作业

图案临摹　学生时代作业

我硬着头皮学工艺美术专业。一面用讨厌的圆轨、直线笔、三角尺等工具做作业写美术字，一面却想着课外到哪里去画速写和风景，完全是"身在曹营心在汉"。

教我们专业的陆光仪、徐行老师非常严格。陆老师检查我们的美术字作业，先用放大镜看看边线是不是光挺，再对着阳光照，看看颜色是否涂匀了。要过她的这关非常不容易。我画作业不求高分，只求过关，心思还在"纯艺术"。

徐行老师则带我们到博物馆去临摹彩陶、青铜器纹样。彩陶尚可对付，这青铜器纹样极繁复，临摹这种纹样真是一件苦差事。

在训练班，我又是班干部，对工艺美术专业的三心二意，只能放在心里，不能流露出来，只好实施韬光养晦、曲线救国的方略。

1965年夏，唯一的一届本科生毕业之后，上海美专自然终结。训练班中的油画雕塑专业留在文化局，工艺美术专业则随上海美术学校一起划归轻工业局。学校从梵皇渡路搬到了漕溪北路502号上海轻工业局干部学校内。我开始在中学里读大学，这以前则是在大学里读中学。

轻工业干校的校址是原来的土山湾孤儿院旧址。土山湾孤儿院附属的美术工场是清同治三年（1864年）由上海天主教会创办的。其中的"图画间"（习称"土山湾画馆"）后来成为中国有史以来最早的西洋美术传授机构，徐悲鸿先生称其为"中国西洋画之摇篮"。历史往往有惊人的巧合，100年后的1965年，上海唯一的一所美术专门学校又回到了它的发源地。

学校划归轻工业局之后，和文艺界的距离越来越远了，我离开纯艺术也更远了。学校强调教学要和轻工业生产实践相结合，我们经常下到轻工业局所属的小厂去参加劳动，熟悉生产工艺过程，参与产品设计，搞过热水瓶、搪瓷脸盆、文具盒、练习本封面、贺年卡、钟表等各式设计。我对这些设计毫无兴趣，对轻工业局属小厂也没有好感，我喜欢像戚墅堰机车厂那样的大厂。

美术设计专业和纯绘画专业，其实是两个系统。从知识结构而言，如果说过去只学纯艺术是二维状态的话，学了设计等于多开了一扇门，进入了三维状态。在训练班学习时对彩陶、青铜、宋瓷以及民间工艺美术的学习，深深影响了我以后的创作。这三年的学习，尽管处于被动状态却让我获益匪浅。

训练班快毕业时，社会又开始动荡，这一回是"文化大革命"。

"文化大革命"开始于"破四旧"。我曾在淮海路上见大群好事之人上街，将穿喇叭裤的女子裤管剪开，没收她的高跟鞋，她只得赤脚狼狈逃窜。众人顿时觉得十分有趣。大家平日里或上班下班，或读书识字，好不枯燥，现在可以当街捉弄别人，还担着革命的名义，岂不快哉！

这股风刮到学校里，于是校内的西洋石膏统统被扔到操场上，再用乱棍砸碎；图书馆的中外名著、画册，则放火烧掉。学生们平日里学习也很辛苦，这一回也来了劲，做这种破坏的事看来非常有快感。

开始是对物的破坏，接着便是"横扫一切牛鬼蛇神"，转向对人的迫害。平日很有权威的校长、教师此时被造反小将勒令敲着破面盆绕着操场转圈子，口里念："我是牛鬼蛇神，我有罪。"这一类革命的恶作剧，花色品种很多，青少年在这方面很有创造才能。

青年时代

根据达尔文的进化论，人从兽进化而来，人身上带有的兽性，平时为道德所约束，在某种非常时期，这种兽性会释放出来，人便返祖而成为野兽。如同一个正常的细胞，在某种特定的条件下会变成癌细胞一样。因此想到二次大战时，一个德国大学教授忽然变成纳粹杀人狂，也就不奇怪了。

于是人们借着革命的名义整人，先整平时和自己不和的人，再把比自己日子过得好的人整下去，看与自己无关的人受罪也有一种快感。当然，更多的人为了表示自己的革命而整人。"文革"是反复无常的，每个被整的人都有整人的机会，而每个整人的人也都有被整的可能。这是一个政治大旋涡，我和别人一样深陷其中被人整又参与整人。这在我心灵深处留下了很深的伤痕。

我对低年级同学的造反行动始终是旁观的，但革命声浪越来越高，在狂热的大潮中，你会开始怀疑自己原来的操守。比如你看到一个学生在殴打一位老教授，这肯定是错的，那么，假若这个老教授是"反革命"，而毛主席又说："革命不是请客吃饭"、"不能那样温良恭俭让"，于是打人的青年便会慢慢幻化成革命英雄，他的作为竟变得可以理解，而且成为可以效法的样板。

我一直不明白某些歌星，唱得并不怎么样，却可以使成千上万的青少年着迷，他有一种魔力。政治领袖也有这样的魔力。这种魔力可以翻云覆雨，可以倒转乾坤，可以颠倒黑白，可以使人们丧失自我进入集体无意识的冲动之中，可以冲破人类社会好不容易建立起来的道德底线。

大势所趋，我随着同学打着红旗上街。记得运动初期有一次游行到陕西南路丰子恺寓所，高呼口号，勒令丰老出来接受批判；后来又去了淮海路襄阳路口的高塔公寓，到著名导演汤晓丹家里造反。那时上海美校的造反派还没有学会打人，呼了一阵口号，对两位权威严辞训斥，砸碎了汤家大儿子汤沐黎画画用的一个石膏像之后便离去了。

我在丰老寓所前造反，心里是十分矛盾的。丰老是父亲的朋友，我转学上海曾得到他的帮助，现在却恩将仇报，落井下石，违背了道德规范。然而，只要想到毛

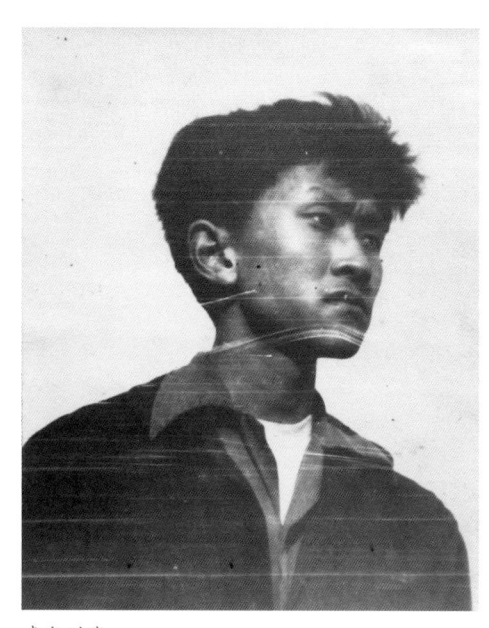

青年时代

泽东的语录,我又就觉得革命是高于一切的。恩情、友情、亲情在这里都变得十分苍白了。

"文革"中夫妻反目、父子打斗的事非常普遍,中国人的窝里斗恐怕和"文革"有很大的关系。

大家都开始起劲造反时,忽然北京成立了"红卫兵",这些高干子弟,南下上海煽风点火,要在火上浇油。"红卫兵"一出场,首先教会了大家如何打人,用带铁头的军用宽皮带抽人,其次对所有出身不好的人说"滚"。我这个混在人群中造反的人,马上明白自己其实是二等公民,你在起劲参加革命时,可别忘了自己的身份。

随着"文革"的日趋激烈,我的父母也处于恐慌之中。淮海坊三天两头有造反派冲进来,今日张家遭殃,明日李家落难,大家惶惶不可终日。

1953年上海音乐出版社并到北京后,我父亲即脱离出版社,到应尚能任主任的华东师大音乐系任教,后该系撤销,上海音乐学院拟聘父亲任图书馆主任,而父亲的老朋友、时任西北师范学院艺术系主任的吕斯百极力怂恿父亲去兰州。最后父亲选择了离上海较近的南京师范学院,奔波于沪宁之间。我哥哥遇害后,父亲提前退休回沪。由于他是退休之人,单位又不在上海,造反派一时还没有想到他,但这只是暂时的。

终于有一日,音乐学院的造反派开着大卡车直奔我家而来,家里除了基本的生活用品外,其余全被抄走,父母的全部心血付之东流。面对狼藉的房间,全家无言以对,一夜无眠。事后想想,好在当年父亲未到上海音乐学院任职,若他是上音的教授,恐怕不只是抄家,死于非命都有可能。上音的造反派逼死了许多专家教授,这些造反勇士,现在怕也是六七十岁的人了,他们手上有无辜者的血,不知道能安心度晚年否?

那时,市委门口静安公园里天天有群众大辩论,其中有两个论点最著名:一是"老子英雄儿好汉",把家庭成分不好的人统统打入另册;二是"红色恐怖万岁",要对阶级敌人还以颜色,实行"红色恐怖"。那年月,装满造反人士的大卡车在街上狂驶,高音喇叭响彻云霄,人们可随意闯入某个家庭,实行打砸抢抄烧,那种情景和希特勒虐犹时的那个慕尼黑之夜有几分相似。

低年级有个学生参加了几天几夜的辩论后,就此发疯,后来爬到学校的屋顶上,将瓦片揭下来砸人,终于进了疯人院。

学校附近就是著名的徐家汇天主教堂。一日我随大队人马开进教堂,其时整个教堂内部空空荡荡,漂亮的彩绘玻璃镶嵌而成的窗子已被敲掉,只留下一个个黑洞,遍地是被毁的各种物品残片,阴森恐怖。我们的任务是从玻璃堆中捡出原来为衔接各式玻璃而用的铅条，这些铅还可以为革命效劳。外面是各路造反英雄在摇旗呐喊，有几位勇士爬上塔尖，将那沉重的十字架拆下，吊到地面，引来人群一片叫好之声。接下来的一幕令我终身难忘：造反派强迫神甫教士从十字架上走过去。这些神职人员无论挨打还是被两个大汉架着，也不肯踏上十字架。造反派碰到了耶和华的真正信徒，束手无策，只得高喊口号收场。

"文化大革命"中新生事物层出不穷，接着又掀起了"革命大串联"。脑子活络的同学，借机免费游遍了祖国的山山水水。训练班的几个同学老实本分得可笑，自带行李，一本正经北上，沿途并不游山玩水，却到各大专院校看大字报，最后到北京等待伟大领袖毛主席接见。1966年10月18日一早，我们就被军车接到天安门广场，军人收掉了我们随身带的各种金属制品，等了很长时间，此起彼伏呼口号唱革命歌曲，终于有一行多辆北京吉普车缓缓驶过，依稀看到穿着军装的领袖在挥手。群众欢声雷动，场面煞是感人。我们离开北京南下，再到湖南湘潭韶山冲，参观主席出身之地。

艺术的发展，无论中外，历来和宗教紧密相关。比如敦煌壁画，全是佛教故事；比如早期西洋油画，全是圣经故事。在欧洲，每一个小小的村落里都有教堂，每个教堂里都挂满各式圣像以及描绘圣经故事的"主题性创作"，于是西洋的写实油画便突飞猛进。

西方的圣像非常普及，但只出现在教堂、教会学校及信徒的家中，而"文革"中的毛主席像以及革命历史画、革命宣传画则深入到每个家庭及单位，我们这些会画画的人便也异常忙碌起来。

我们被请到各个单位去画毛主席像。这类活动被称之为"请宝像"。画画的人此刻地位顿时高起来，受到很好的接待，谁都不敢怠慢。因为这些人能把一张普通的洋铁皮变成一件无人敢碰的圣物。

"宝像"往往非常巨大。有一次，中国画院的严国基邀了几个同学到国棉十七厂去，在二三层楼高的一块墙面上画"宝像"。我们在脚手架上爬上爬下，先用线沾上彩色粉笔灰，弹上格子，然后分工，严国基画领袖肖像，我画绿军装，一天就完成了这幅巨画。倒也积累了画巨幅壁画的经验，要不是"文革"，很难碰到这样的机会。

我在完成这类政治任务时念念不忘艺术探索。记得有一次到横沙岛的6400部队画"宝像"，我作了一些新的尝试。那时我们唯一能看到的西方画报就是《阿尔巴尼亚画报》，画报里的美术作品，和苏派不同，比较平面。我受到启发，将此法用到画"宝像"中去，效果还不错，因为中国老百姓反而能接受这种平面化处理。

画"宝像"之外，画图人有忙不完的活，经常要刷大标语，布置会场，练出了一

1967年，"文革"时期和同学串连到北京

《自画像》 油画 1960年

手美术字功夫。各造反组织都有自己的油印小报，往往还要到闹市占领一块墙面用来出"大批判专栏"，以扩大该组织的影响。因此书写、编排、插图等美工活非常多。

"文革"期间也有一些美术展览。上海比较有影响的一个是"毛主席语录画展"。我画了一套组画，内容是亚非拉人民热爱毛主席，模仿套色木刻的风格，参加了另一个也有影响的"红太阳画展"。

有一大批美术人才慢慢在这种活动中冒出来。不少人对政治斗争开始厌倦，兴趣转移到为政治服务的艺术活动中去。虽然在这里艺术只是宣传工具，但对于一个美术爱好者来说，在如此严酷的时代可以堂而皇之拿起画笔，而且所有画材都是公家支付，岂不美哉。大凡今日60岁以上的画家都有这样一段经历。

四

我们原来是三年制大专，应该在1966年毕业，因为"文革"之故，1967年我们开始领工资，却留在学校里"继续革命"，直到1968年才分配工作。工作单位都在轻工业局，究竟到哪一个单位，班里的同学可以互相协商。其中有一个印刷十三厂，离我家最近，步行五分钟即可，但我害怕到印刷厂要写美术字和画"黑稿"（即把客户的彩色设计稿画成分色黑白稿），宁可舍近就远，分到上海火柴厂去画火柴盒贴。我觉得火柴盒贴，绘画性强一些，不需要手写太多的美术字。

大学生进厂先要参加劳动，技术科长张有才把我带到一车间刨切组去做了一名真正的工人。刨切组的工作是把已经锯成段、剥去皮的树搬上机器，刨成长条状的片，然后再搬上另一部机器切成火柴杆，一棵大树转眼就粉身碎骨。

我被分到一部刨车上，师傅叫王永根。一部刨车，配六个工人。我的任务是拉木片，即将飞旋下来像布匹一样的木片拉到架子上的一块跳板上，叠到一尺高左右，便和另一工人将这二米半长的厚厚一叠木片，扛到旁边的切梗车上。劳动强度很大，经常扛木片，肩上磨出了厚茧。这活儿虽没有什么技术，但手脚要快，否则木片积在地上像一座小山，不可收拾。

上海火柴厂是百年老厂，生产方式很古老。刨切组的工人以苏北籍居多，夏天干活是赤膊、短裤、草鞋。我和工人混成一片，穿着补丁加补丁的衣服，腰间束一根草绳，也能讲苏北话，猛抽八分钱一包的"生产牌"香烟。和他们一起干活，真会恍惚以为回到了20世纪初中国第一代产业工人中间。

我每天清晨四点半出门，骑车北上，踏到苏州河边，再推行过那铁路桥。这一带我非常熟悉，昔日上海美专就位于附近，我读书时经常在这一带写生。巧的是15年后我调入上海大学美术学院，又和这座铁路桥为邻。当我推车过桥，望一眼远处的韬奋楼，想起当年无忧无虑的学生生活，仿佛已是遥远的过去。此刻我却必须加紧赶路，到了厂里先要更衣吃饭，再要背诵语录、读报，六点整正式开工，十分紧张。回到家里只想吃饭、睡觉，饭量大得吓人。

过去尽管我也曾到工厂去体验生活，但作为普通一员，完全融入工人的班组之中，感觉是完全不同的。我有某种平民情结：在我脑中，一个靠自己劳动吃饭的草民，其地位远远高于某些吹牛拍马的名人。这种情结大约和我在农村、工厂的经历有关。对底层工人和农民的深入了解会影响一个人的价值观。在农村或工厂做工，似乎和画画没有什么关系，其实你所有的经历以及你思想的某种变化，都会潜伏在你的作品中。当然，那些为金钱而生产出来的艺术品，可能就比较缺少那种深层次的东西。

青年时代

当"做生活"（做工）做得吃不消时，画画又救了我。因为我是作为"美工"分到厂里，因而有时会被调到技术科去搞火柴商标设计。说来惭愧，在火柴厂十年，不是在下面做工，就是被借到外单位去，真正设计的火柴商标，也就四到五套，其中有一套是以国际乒乓比赛为内容，这个比赛因毛泽东主席逝世而取消，这套火花也就没有上市。

轻工业局下设许多公司，火柴厂属于日化公司。日化公司美术设计负责人顾世朋是上海设计界权威，和倪常明、钱震之等齐名。不知为什么，顾先生对我这个对"工艺美术"始终有二心的人颇有好感。他在嵩山路35号成立一个设计室，将我借到那里去做他的助手。当我们两人出场时，形成一个很强的对比：他永远是衣冠楚楚，头发梳得锃亮，神采奕奕；我却总是邋邋遢遢，睡眼惺忪，无精打采跟在后面。

我认真完成上级交下来的设计任务，但始终没有把火柴厂以及日化公司的美术设计看作是自己的事业。和其他厂的美工不同，我在火柴厂并没有一个专门的设计室，没有装备许多美工都拥有的摄影设备，甚至没有一张固定的写字台。我用几个板箱架一块木板权作办公桌。我总觉得在工厂里搞设计，对我而言只是人生的一个插曲。

自从10岁进了哈定画室之后，我就梦想当画家，觉得画画最适合我。性格内向的人其实不适合艺术设计。画画是一个人关门可做的事，而设计，却要和委托方及施工方打交道，非要能言善辩才行。我知道自己是一个什么样的人，合适于做什么样的事。当然，在大的潮流影响下，有时也会迷失，但最后还是能凭本能回归到既定的轨迹上去。

"文革"期间，许多专家学者都被发配去从事简单劳动，而让工人、农民进入专业单位"占领上层建筑"。我这样一个正在接受"改造"的知识分子大学生，同时却又戏剧性地拥有一个"工人"的头衔，因而常有机会被借调出去画画，使我有了一个回归"纯艺术"的大好机会。那时的画画，又顶着一顶"革命宣传"的大帽子，在政

1969年，参加《文汇报》所办的美术通讯员学习班

治上也相当扬眉吐气。每次有政宣系统的借调光临，对我而言，真像过节一样开心。我画的插图、速写、报头等在报上刊出，让我很受鼓舞。作品刊出时并不署作者姓名，而是署"上海火柴厂革委会供稿"。这样一来厂里的领导也很高兴，对我的艺术活动相当支持。

上海的"两报"，即《解放日报》和《文汇报》当时是上海美术活动的主要组织者。两报美术组的负责人洪广文和张楚良就是上海美术活动的大牌"策划人"。不少年轻人因为参与了两报组织的创作活动而走上美术舞台。

我曾多次被张楚良、黄英浩借调到《文汇报》社。那时的报社属于"无产阶级专政机关"，门口有解放军持枪站岗。我参加了第二期"工农兵毛泽东思想通讯员学习班"。奚阿兴、蔡兵、许根荣、郑作良、周洪声、瞿谷寒等都是学习班的同学。为报纸画插图是要有本事的，一篇文章拿到手中要充分调动想象能力，马上变出一幅画来，有时制版房的师傅会打电话上来催，真是急煞人。一个对着石膏像能画出一幅优秀素描作品的人，未必能完成报社的急就章。

过去在学院里比较强调基本功训练，而在报社则是实战第一。在报社的实践，使我得到了另一种锻炼。

我在厂里成了一个有点特殊的人物，经常上借外调，非常风光。然而，政治风云变幻无常。在一次全厂大会上，党委书记孙业堂不点名地把我划成"五一六"分子。所谓"五一六"，只有专门研究文革史的人才弄得明白。后来我知道，北京有个名叫"五一六"的组织，反对江青、张春桥，被定性为反革命组织。上海有个"反复辟学会"也被定为"五一六"。复旦大学教授、著名学者胡守钧当时便是这个学会的主将。我美专预科的一个同学就读于华东师范大学中文系，是个天生的政治动物，热衷于参加政治活动，是"反复辟学会"的成员。他经常到我们学校里鼓吹革命，议论政治，企图发展"反复辟学会"的成员。我们学校里一帮人，却热衷于借着革命的名义画画，对他的政治主张毫无兴趣。我被他缠得没办法，曾为他们的学会画了一个大批判专栏的报头。报头内容当然是十分革命的：一个工人一手握红旗，一手拿《毛泽东选集》。就是因为这样一个革命的报头，我却当了两年"准反革命"。

尽管厂里的工人对我还算客气，只是开会批判并未受皮肉之苦，但精神上压力之大，旁人难以想象。我被剥夺了和"革命群众"一起开会的资格，只能和"四类分子"一起做苦工。当林彪出事后对全厂职工宣读中央文件时，我却和"四类分子"一起爬在高处油漆行车，没有听文件的资格。

今日我们在听法庭宣判时，常有这么一句话："剥夺政治权利终身。"我对何为剥夺政治权利最有切身体会。

人处在逆境时，往往会过坏地估计形势，失去对未来的希望。当时我就想，看来我会在火柴厂做工到退休，这辈子做画家的梦想是无法实现了。但喜欢画画的本性实在很难改变。我在报社工作时习惯于用毛笔画插图。黄英浩是画这种插图的高手，他在铅画纸上用毛笔画，然后用一把剃须刀片作修改，极少用白粉修，非常潇洒自如。我从他那里学到了一点皮毛。我在逆境之中唯一可以进行的专业活动，就是对着画报的照片画毛笔画，借以研究人物的造型结构。我比较喜欢《越南画报》，或许是越南受到过法国文化的影响，他们的摄影作品黑白效果特别精彩，不像中国画报上的照片往往是大平光，而且修饰过多。

在这个非常时期，我极少和别人来往，以免连累别人，但也有人不避嫌，还来看我。印象很深的是有一次吴健、赵谓凉居然来访，还借给我不少《越南画报》。

1980年，姐姐一家四口，作者一家三口和父亲摄于淮海坊的天井中

我的太太初湘华，是1960年同在里弄团支部时所识，她却在这样的非常时期，决定和我结婚。

1973年我的女儿伊楚出生，女儿出生给我带来好运，随着她的降生，我的政治问题也化解了。所谓"化解"就是慢慢从"准反革命"变为一个普通人，并没有一个人来找你谈话说："你的问题已解决，过去对你的批判是错误的。"或者说："你有错误，但经过批判已有认识，现结束对你的审查。"没有这种明确的东西，始终是模糊的，这是中国文化和西方文化的差异之处。

1972年4月，园林管理处负责美术的凌毓伦到厂里来，他想借调我到该处参加一个纪念白求恩的展览，展览设在闸北公园内。厂里居然同意放人，这对我而言是一个重大转折，说明我的"政治问题"接近解决了。凌毓伦成了在我一生中某个关键时刻出现的一位关键人物。他是一个豪爽侠义之人，速写画得很熟练。他负责纪念白求恩展览，却并不像一般小头头对手下的人管头管脚。九时上班，人还三三两两，悠哉游哉。我这个平时四点半起床去做工的人（有时还要"六进六出"从早上六时一直干到晚上六时），忽然落到了闸北公园这样一个安乐窝中，真像做神仙一样。我感恩戴德，从不迟到一分钟，兢兢业业完成了一套反映白求恩大夫生平事迹的木刻组画。凌毓伦和我还应邀赴石家庄，为华北军区烈士陵园创作同样的作品。

后来我还多次被借到园林处，在西郊公园、人民公园、复兴公园都待过，和园林处的许多美工相熟，一度曾想调到园林处去。

伊楚出生一个月后，我重又被借到《文汇报》去。能进报社这样的要地，说明此人政治上是可靠的，所以这一次重返《文汇报》其实有些"昭雪"的意思。我一直怀疑是张楚良和厂政宣组比较同情我的老龚有意策划了这次借调。

从此以后，我基本上很少再回到一车间刨切组去干活，偶然以干部身份去参加

1969年，和《文汇报》摄影记者陈根宝到川沙江镇公社，采访赤脚医生，这是陈根宝为作者摄的照片

劳动，工人对我很客气，再也不把我看成是他们中的一员。

我除了被借到《文汇报》之外，还经常参加市工人文化宫组织的创作活动。都是为了配合当时政治运动的需要，因而每次创作活动首先要学习政治文件。比如有一个"风庆轮事件"，"四人帮"借此事件向周总理发难。我们一群工人作者，哪里弄得明白其中的用意，总是跟着报纸上的社论，跟着中央文件走，高高兴兴投入"风庆轮"的创作。到一艘和"风庆轮"相同类型的海轮上住了几天，画了不少速写，然后集中到工人文化宫五楼的一个大房间里，大家整天在那里研讨、勾稿、放大、刻制、印刷，满地木屑，过客以为是木工车间。创作室内还有一张乒乓球台，搞创作累了，可以打乒乓球加以调节。海运局的施忠宝也参与我们的创作活动，他是乒乓高手。

除了"风庆轮"组画之外，我们还搞过关于"一月革命"、上钢五厂工人学毛选、金山石化工地建设等版画组画的创作。政治家利用我们来制造舆论，我们则利用政治来画画。

我虽然刻过一些黑白木刻，但从未搞过这样"正规"的套色木刻创作，套色木刻如何分版、如何把几个版套准等基本常识都不懂。我从工人文化宫的几位版画主将、在五十年代便相当知名的工人版画家董连宝、郑通校、鲍培忠那里学到了许多东西，这是我正规从事版画创作的起点。因而我很感激市工人文化宫，文化宫有什么事，我总是召之即去。

"文革"期间的木刻的缺点在于：一是比较雷同，看不出作者的个人风格；二是非常概念，人物的造型、动作，甚至衣纹都是想当然的那么几笔。我总觉得生活中的东西要生动得多，因而我在创作时，画中的人物都要请人做模特画速写或拍照，力求真实。因为我有学院功底，做这些事并不费劲，但刻制出来的作品却和当时流行的样式有了一个距离，得到好评。

我所在的轻工业局，美术创作也很活跃。局工会魏震东负责抓美术创作，经常组织创作活动，其模式和工人文化宫相仿。到后期成立了轻工局工人美术创作组，每周活动两天。

魏震东说话不多，对手下的人他不颐指气使，作风很深入。有一次我生病，他还专程到我家亭子间来探视。

后来，市美术创作办公室要抓一批重大题材创作，结果还是魏震东出面帮忙，以局工会的名义将我借出来，并安排位于愚园路的一个小院作为创作场所。

那次我和水彩画家蔡江白合作创作一幅关于毛主席接见红卫兵的木刻，由蔡江白画一幅水墨画，他的素描功夫很好。此画场面大，人物多，完全是巨幅油画历史画的格局。美术创作办公室提供了一块上好的梨木板，我就天天在那个小院里，将蔡江白层次极其丰富的水墨稿子重新组织刻成黑白木刻。后来我刻木刻，有时也先起一个水墨画稿，再据此刻作，以增加黑白木刻的灰色层次。

愚园路的这个小院非常安静，偶然魏震东及创作组的人会来活动一次，过后又重归清静。时间长了很感孤单难熬，偶有访客来，印象便特别深刻。有一次两个解放军来访，这两位军人，一个是姚尔畅，现在是上师大教授，还有一个是孙成健，后来在上大美院，和我共过事。

《毛主席接见红工兵》

经过在愚园路刻木刻的修炼，我慢慢习惯于在一间除了画具画材，别无他物的房间里，和我的画作一对一的决斗，有时又有点类似朋友之间的一次促膝长谈。画既是我的对手，又是我的密友。我和画就这样磕磕绊绊在一起走了几十年。

由于各系统可以政治需要的理由到基层单位借调美术人才，集中在一起搞创作，创作出来的作品又能参展、出画册，并被报纸整个版面刊载，客观上对工人业余美术创作起了很大的推动作用，显现出一派繁荣景象。这种繁荣却以整个文艺界只有八个样板戏、所有古今中外优秀文艺作品都遭封杀的萧条为背景。这是一道带有历史印记的荒诞风景。

"文革"期间我们这一伙所谓的"工人画家"风光一时，其中的一些叱咤风云的代表人物，有的已成今日画坛的主将，但多数已湮没在历史的尘埃之中。

除工人美术作者外，还有一支比较专业的队伍，他们以上海美专出身的一些青年画家如夏葆元、魏景山、陈逸飞等为核心，作品往往比较大型，学院功底深厚，和粗糙的工人美术有很大差异。除创作外，又大搞基本功训练，流行画素描人像，他们的素描作品照片流传甚广。

我既是上海美专出身，又有一顶"工人"帽子戴在头上，因而是左右逢源，两边都有些搭界，但又都不是主流人物。

我总是边缘人物，直到现在还是如此。

我和夏葆元、魏景山的关系比较客气一些，来往不是很多。陈逸飞因为是同班同学，和他关系比较密切。陈逸飞读书时就是一个绝顶聪明的家伙，非常用功，但不是死读书，学习很有灵气。在预科同学中，陈逸飞在专业上对我影响最大。逸飞对我的画提出一些看法，我都会记到笔记中去。

那个时候，画图人的交往，似乎只谈画图，没有别的内容。到某人家里看画，是一个固定不变的节目。

一次我到油雕室看画，陈逸飞在画一幅关于祥林嫂的油画，他斤斤计较于祥林嫂孩子的一双绣花鞋。那时他就特别关注某些意义重大的细节。他常会推荐一些画册，一会儿建议我看看拉菲尔前派，一会儿又介绍科尔席夫的画，科氏用笔比较笨拙，

上海市美术学校边上小巷

然而却十分厚重,有内在涵量。从陈逸飞的代表作《红旗》中,可看出科氏的影响。

逸飞是个思维非常活跃的人,他画《黄河颂》时洗印照片因曝光不足,出现"白化"现象,他反而由此受到启发,将《黄河颂》处理成非常亮的高调,在天高云淡、屹立于崇山峻岭之上的战士身上涂上了一层神圣的光耀,使一幅可能有点类似宣传画的创作,升华成一幅具有象征意义的优秀作品。他给我看过的那些洗印失败的照片,一般人肯定随手丢弃,不会从中得到什么启发。

逸飞变成美国人之后,我们来往就少了。后来我的画室搬到泰康路,有时会在那条狭狭的弄堂里碰到他,拉我到他的画室,就像三十几年前一样,照例从书架上抽出几本精彩的画册介绍给我,拿出几张草图来要我提提意见。我开画展,他必到场。有一回还买了我的一幅《西域记事》。此画上有一匹远处的白马,我一直犹豫这匹马的去留。他指着画说:"我看这匹马有点多余。"我一时兴起,决定涂掉它,而逸飞却说:"我只是随便说说,不作数的。"我主意已定,就着他的调色板,一笔将马去掉。这情景似乎就在眼前。然而,逸飞却已经故去了。

回想起来,在美专读书,其实只是一个开端,真正的学习却是在进了社会大学之后。我被东借西借,到处画画,在实践中得到不少锻炼,也结识了不少画图朋友,自己也就这样进入了上海的画图圈子。

1976年"文革"结束。十年动乱中被整得奄奄一息的文艺单位也慢慢复苏,这些单位要重新调配人员,补充散了架的队伍。这对于我们这些热衷于画画、做梦也想以画画为职业的人来说,是个大好的机会。我们轻工局工人美术创作组的人,百分之九十都在这个时候离开工厂,调进了专业单位。那时我的母校上海美专,已变成中专性质的"上海市美术学校",缩在天津路414号的"大王庙"内。春风也刮到了这里,学校重整旗鼓、招兵买马,欢迎我回去。我非常想调进绘画教研组,回归"纯艺术",但绘画组已满员,只有工艺美术教研组需要人。孟光老师对我说,你先调进来再说,毕竟是专业学校,环境总比厂里好。

五

1977年11月7日,我正式到美术学校报到,结束了在上海火柴厂十年的生涯。我从此没有再回到厂里去过。如今火柴厂已完全倒闭,不复存在。关于这个厂的照片或电影记录肯定很少,后人将无法想象火柴厂的生产场景。历史就这样一页一页地翻过去,火柴厂中以热火朝天的生产场面为背景的人间悲喜剧,无论是权重一时的大人物,或是任人摆布的小人物,都同归于历史的黑洞之中。

我到上海美校,负责工艺美术专业的素描课,我过去的老师丁浩、张雪父、陆光仪、应野平、乔木等先生,现在成了和我在一个教研组的同事。工艺教研组在天津路后面、宁波路的一幢楼房的底层沿马路的一个大房间里。

训练班的同学戴明德,这时也从工厂调来学校,他在绘画教研组教中国画。我们两人一早便赶到学校,不是钻在图书馆看画册,就是拼命画画。那种感觉真应了"老鼠掉到白米缸里"这样一句话。那些毕业后就分到专业单位的同学可能无法理解我们当时的那种状态和心情。当初从学校走上社会,发现学院教学和社会上的艺术实践之间有点隔阂,一个成绩优秀的学生不一定能适应实际工作。但经过十年时间在社会上摔打,反过来却又发现自己的专业基础还有许多薄弱之处,急需补课。于是,我们一面在教书,一面却像是在第二次读美术学院般努力。

我们这些从"文革"中冒出来的画图人,很奇怪地会自然而然地划分出画种专业来,有的专攻油画,有的倾向国画,我则归到了版画一类。除了前面讲过的一些因素,我之所以最终成为"版画人",和上海人民出版社的美编兼版画家范一辛先生有很大关系。我的第一幅真正的黑白木刻作品(相对于"文革"时流行的在纸上画出木刻效果的"假木刻"而言),就是范先生组的稿,作为《船台春潮》一书的插图,于1971年发表。后来我还多次为上海人民出版社作木刻插图。范先生和我家住得很近,我们相互联络很方便,我经常去他家向他请教。我把他当作长辈,非常尊重他,但他却把我当作朋友,相谈甚欢,没有什么隔阂。

《宁波路老美校对门的烟纸店》毛笔速写
30cm×26cm 1979年

那时的画图人,虽然已分了专业,但几乎都涉及插图及连环画创作。我为少年儿童出版社及《红小兵》画过许多插图,真得感谢他们所提供的舞台。他们的约稿就是社会大学所布置的作业,在完成作业的同时,自己的专业水平也有了提高。

连环画也是我在社会大学的一门必修课。画连环画可以提高观察生活的能力、空间想象的能力,以及构图和造型能力。我没有画过长篇单本连环画,画几百幅连环画实在太可怕了。我画几十幅的连环画,已经弄得心事重重,每天在想,还有几幅没有完成。这是欠债赌徒般的日子。

1980年,我和黄英浩合作为《连环画报》画一套叫《宝贝》的短连环画。黄英浩提出三点设想:一是要借鉴电影镜头,可以出现大特写、怪透视;二是明暗处理不必根据光源。三是人物形象要打破模式化。因而我们将画中的党委书记画成一个秃顶男人,和那时流行的党委书记标准形象完全不同。这套连环画发表后并未引起轰动,效果也一般,但对我以后的创作却影响很大,打破了明暗及透视规律的束缚,在画面处理上获得了很大的自由,其总体效果更接近于现代版画。后来我才知道这几套画在当时有一定的影响,许多外地陌生的朋友,正是通过连环画而知道了我。

我们常常有许多收获来自于不经意间所碰到的一些普通人和事。往往朋友们随

连环画作品《绞刑架下的报告》

《屈原》 木刻

便说说的一句话（甚至不一定是画图朋友），会使我顿悟，并改变我艺术探索的轨迹。

有一次，我随一帮人到武宁路孔柏基老师家里看画，他是戏剧学院的行政干部，却是个"画图迷"。他人高马大，背着特大号的画夹、画箱，到处写生，喜欢用油画棒画画，作品数量惊人。大凡看到别人这么用功，自己就会自叹勿如，暗下决心，也要多画。孔老师现居美国康州，我曾去拜访他，在他湖畔的住宅里，看到他的许多近作。他是旅美画家中少数的几位仍坚守纯艺术学术品格的画家。

1979年，我经孔老师邀请到戏剧学院美术系上过一个学期课，他们招收了一届版画专业的学生。那里的教学有点接近现代西方模式，没有一本正经的教学程式。我每周三个半天到那里看看。学生们学习自主性很强，没有我多少事。我发现他们喜欢用平刀刻木刻，较典型者如夏予冰，他能熟练地运用平刀，刻出的效果相当好，使我大开眼界。我刻木刻只用圆刀和三角刀，从来没有想到过用平刀，可见人常会为某种先入为主的东西所束缚。于是我也试着用平刀刻作，非常有新鲜感，刻出的作品和过去的木刻大异其趣。其中有一幅《屈原像》为《新民晚报》记者李坚所肯定，他为了这么一幅黑白木刻专程来我家亭子间采访，并发表了推介文章。

我在版画圈的影响渐渐大了起来。1979年底，"文革"后美协首次发展新会员，我和一大批在"文革"中拼命画画的人被吸收入会，老版画家邵克萍先生是我的入会介绍人。当时美协版画组老会员只有19人，加上新会员正好30人。我入会第二年即被选为版画组副组长，组长邵克萍，另一位副组长是我的学长，毕业于浙江美院版画系的张嵩祖。

邵克萍先生住在复兴中路，离我家很近，我常去他家请教，并商议有关开展版画活动的种种事宜。邵先生一丝不苟、脚踏实地的工作精神，成为我的榜样。

我们三人上任后，和美协负责版画的蔡兵一起，策划了不少全市性的版画展览，如在鲁迅纪念馆举办了"纪念木刻讲习会五十周年版画展"。版画界的气氛非常好，有事大家一起做，装镜框、刷版面、制横幅，直到踏着黄鱼车上街贴海报。记得在虹口公园忙了一天，中午大家一起只吃了一碗阳春面。没有人斤斤计较个人名利。那种吹牛拍马、无事生非、拉帮结派、只想捞好处而不想付出的人，在版画界一点也吃不开。版画界能有这种良好的气氛和老一辈版画家所树立的榜样有关。

杨可扬先生就是上海版画界的一位奠基式人物。他是上海人民出版社的总编辑，在任时未利用职权为自己出过一本画册、开过一次个展，和今日那些上台伊始先捞房子、票子，忙于出国的头头，恰成对比。

我和上海版画界另一位领军人物沈柔坚先生接触不多，因他是美协和文化局的领导，我天生怕领导。但每年春节，我会和几位版画家去看他。有一次又去拜年，我谈起我所使用的胶印版画技术，只需胶水和油画颜料即可制作。沈先生听后大感兴趣，当即翻箱倒柜要找油画颜料，后因未找到而作罢。新春拜年，差一点变成版画技法研讨会。沈先生这个上海美术界最高的官员，却实实在在是个"画图迷"。他在艺术上极其开放，主张大胆吸收西方艺术中一切有益的东西，这在全国美术界领导中可算凤毛麟角。在他主持下，上海美术呈现出较为活跃的局面。当然，换个角度，上海这个城市的海派文化气息也影响了沈先生，他当初如果不是在上海，而是在内地另一个城市工作，当会出现另一个沈柔坚。

六

1977年全国恢复高考，仅剩25名学生、奄奄一息的上海市美术学校也有了生机，公开向社会招生。申请报名者众多，最后录取了26名新生，把"文革"多年未招生积压下来的青年才俊招了进来。1981年当这届学生毕业时，美术学校的领导决定借此举办一个大型展览，向社会汇报，扩大影响，为美术学校的发展创造一些机会。

这个"上海市美术专科学校、上海市美术学校毕业生及校友作品展览"，于1981年7月18日在上海展览馆东大厅开幕，反响很好，取得了成功。我积极参与了展览的策划、筹备，在天津路老美校的楼梯间里坚守值班，汗流浃背地负责收件。

在文化广场这个简易房屋的二楼作画约一年半，这房子现已拆除变成绿化带

终于盼来了好消息，上海市政府决定将上海市美术学校划归上海大学，组建美术学院。母校获得新生，令人振奋。1983年我随学校一起迁到了凯旋路30号新址。上海大学美术学院的新校牌是鲁迅字体，是我和几个同事用木刻刀刻制、油漆而成，可见我们对上海美专凤凰涅槃式的新生充满欣喜之情。

美院成立了以李槐之为首的筹备班子。这些新调来的领导，看不上我们这些从老美校过来的人，他们寄希望于从外面调进来的精兵强将。开始时，外面进来的新人在一起办公，和旧人不相往来。新人后来大都当官，旧人专司教学。于是我便明白，美院的兴衰，自有强人在掌控，用不着我们这些俗人瞎起劲。拿了国家的工资，上好你的课便是。空余时间只管自己画图，好不快活。

美院后来渐渐走上正轨，各系科中层干部都要定下来。领导有意让我担任中专部副主任，令我受宠若惊、坐立不安。我自知不是当官的料，再说让老美校的人当几个官，只是出于一种平衡术。当这种官绝对没有什么味道。

我一向不会开后门，这一回发了急，不但斗胆找了李天祥院长，还登门拜访史嘉秀书记，希望能"削官为民"，结果竟未能如愿。好在有曹有成老师当主任，我几乎是百事不管。现在回想也难为了曹老师。

在美术学院我成了逍遥派，可是在版画圈中我却是个积极分子，参与组织了不

《版画角》请柬

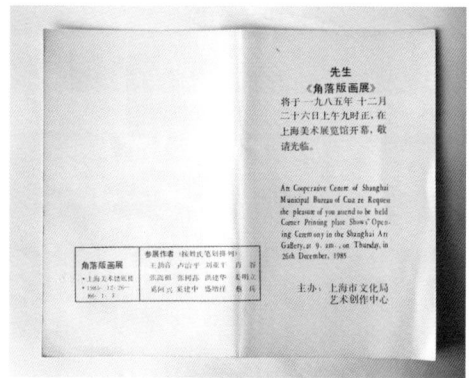

《版画角》请柬

少展览和学术研讨活动。比较大的事情是在1985年成立了上海版画会,目的是为了扩大版画作者的队伍,鼓励新人创作。

上海戏剧学院的油画家戴恒扬与我相熟,他很关注上海版画。当时全国青年版画大展正在上海展出,他看了画展中肖小兰的《圣诞节》、刘亚平的抽象版画等作品,说这些作品只有上海人搞得出来,这就是上海版画的海派优势。后来有一次他告诉我,文化局艺术创作中心主任严明邦很关注上海版画,认为上海版画应该发展得更好一些。艺术创作中心有意为此做些事情,想策划一个版画邀请展,让我物色人选。我对版画几十年如一日、几十人如一人的单一风格颇为不满,希望有些突破,严明邦的主意也正合我意。于是我就不加思索地把我认为较有探索精神的中青年画家如阿兴、卢治平、刘亚平、肖谷、姜明立等列了一个名单交给创作中心。展览开始取名"角落版画展",来自英文"CORNER",后改名为"版画角"。展览正在顺利筹备之时却传来消息,说美协对这个展览相当不满。一天清晨,蔡兵来我家,说沈柔坚先生要召见,我们便去了沈府。沈先生对"角落版画展"相当恼火,意思是美协待你们不薄,相当重用,为何还要背着美协另搞一个展览。依沈先生这样的开明之士,他的思想也还是走不出计划经济时代长期形成的思维定势,现在想想是完全可以理解的。当时对我们的压力却很大。我有些犹豫,考虑是否有什么变通的办法。然而严明邦以及"版画角"诸位同仁均十分坚定,相信没有做错任何事情。"版画角"展出后反响很好,在改革开放之初的上海画坛上留下了自己的痕迹。

日子过得很太平。随着改革开放,有些朋友得风气之先出国去了。从进美院附中开始,专业学校就是以西方为标准的,满脑子的西方模式都来自于低劣的印刷品,谁不想出去看一看西方艺术的真面貌?我的机会也来了。我姐夫Walter Fleischmann是维也纳音乐学院的教授,应上海音乐学院之邀曾和我姐姐来沪讲学,可惜我姐姐不到50岁就因患癌症去世。姐夫后来尽管已经再婚,却多次邀我到维也纳旅游。我对单纯的玩一向不太有兴趣,希望能到美术学院进修,他真的为我办好了在维也纳两所美术学院进修的入学手续。当时家有年迈老父及年幼小女,我很是放心不下。好在我太太一向支持我在专业上的努力,她愿意挑起这付重担,支持我出去留学。

我费尽不少周折办好了护照及签证,1986年我在北京乘上一架罗马尼亚航空公司RO-312航班的飞机。表姐夫谭权书到机场送我。入关之后,他到候机厅的楼上向我招手。他的身影便是祖国留给我最后一刻的印痕,不可磨灭。

第一次乘飞机,第一次出国,什么都不懂。坐在左边的一个捷克人对我很是照顾。而坐在我右边的一个同胞却冷若冰霜。此人在卡拉奇下机,不知是在巴基斯坦做官还是经商。我在国外看见黑头发黄皮肤的人都会莫名地激动,后来发现多数同胞对我的激动往往都报以冷眼。

当我终于走在维也纳的街上时,以为自己是在梦境中,又感到好像走进了一部外国电影,自己成了剧中人。

我所就学的维也纳造型艺术学院位于市中心席勒广场的一幢雄伟的古建筑内。院长 M·Melcher 把我安排在他自己的工作室内。每当我走上高高的台阶,推开学院沉重的大门,同门房客气地打过招呼,走过有彩绘天顶的长长走廊,走进位于底楼的工作室,往往没有几个学生。有时我一个人在里面作画,有几台上世纪的版画印刷机器相伴。室内阴暗肃穆静寂无声,有身处修道院的感觉。

1987年,和导师 W.Hutter 在一起

从造型艺术学院坐环线电车两三个站就可到我就读的另一所大学:维也纳国立应用艺术大学。这个大学比较开放,外国留学生很多,气氛较为活跃。我被安排在维也纳极负盛名的画家、幻象现实主义画派的代表人物 W·Hutter 教授的工作室里。工作室在一幢现代建筑的6楼,宽敞明亮。窗外即可看见宏伟的斯蒂芬大教堂,暮色中传来钟声叮当,这时会有一丝他乡离人的漂泊之感。

Hutter 教授的油画工作室令我大开眼界。他画油画先有一个严谨的素描稿,然后仔细地将素描稿拷贝到底子做得极平的细纹亚麻布上。他的调色板十分干净,上面只挤一点点高级颜料,用笔慢慢描。他常用两支笔交替烘染出类似喷绘的效果,色彩鲜艳明亮。这种创作方法和我们习以为常的油画创作过程大相径庭。

1987年,在维也纳国立应用艺术大学的校门口

工作室的总体气氛有一点像一个设计事务所。工作室内的同学虽各有自己的创作面貌,但总体而言都十分细致、精密,每个人都有自己的绝活。有个日本同学名叫入川青史,他喜欢画繁复的波斯图案底子上的动物骨骼或化石残片。

我们工作室旁边是 Adolf Frohner 教授的工作室。这个工作室的气氛正好相反,像正在进行装修的工地现场。学生们的画幅很大,都用粗纹亚麻布,颜料用筒装类的涂料,也有些颜料呈粉粒状如同水泥黄沙。地上铺着洋铁皮,用来拌和颜料。学生们活像装修工人,穿着"五彩缤纷"的工作服,大刀阔斧地干。

维也纳的教授比学生用功。Melcher 教授尽管贵为一院之长,我见到他时,他总是穿着一件沾满颜色的白大褂。Hutter 教授也是整天钻在自己的房间里作画,根本不管隔壁工作室里的学生。只有当班里搞活动时,他会和太太或情人带上几个美味菜肴,兴冲冲地来参加,和大家一起大吃、狂饮。

在国内的美术学院,教学要求很明确。老师布置好石膏、静物或人体,画几周,如何画,画多少大小,用什么工具,画到什么程度算优秀,都有规定。而在维也纳,什么规定也没有,画或不画,画什么,悉听尊便,没有人管。我感到很茫然,想去请

维也纳造型艺术学院的宏伟建筑

教老师,却需要和他预约。教授对你的作品总是大加赞赏,然后谨慎地提一点建议。若去请教同学,他们会耸耸肩,把你视为怪物。在他们眼里,画什么和怎么画完全是你个人的事情,问这样的问题就像你问别人你今天晚上应该吃肉还是吃鱼一样不可思议。想想也是,艺术基本上是没有办法教的。过去国内美术学院其实主要是在教一种如何在二度平面上制造三度幻觉的技术。当然优秀的老师会在教技术的过程中对学生进行艺术上的诱导。维也纳的教授,只是尽力营造工作室的整体气氛,对学生施以潜移默化的影响。技术上的问题,一般不在美术学院解决。纯技术的问题,例如铜版画酸的浓度之类,你可以去问助教。他们的教学体系倒有些东方色彩,类似于我们的无为而治和不言之教。

我在维也纳的学习生活是彻底自由的。办完入学手续、拿到工作室钥匙之后,便再也没有人来管你。我们都是从小到大被人管大的,常常会抱怨没有自由。然而现在彻底自由了,反而觉得心里空落落,无所适从。有点像一个人在嘈杂的环境中会抱怨太烦人,现在把你关到一个完全吸音的房间里,什么声音也没有,你也会发疯。

这样的自由生活把我逼上了独立思考之路,像宇航员飞天前的训练一样,我在维也纳经过了一次失重训练。现在想起来,这种训练对我以后专业上的起飞具有重要意义。

每一个到西方去的画图人,心想往之的头等大事,必定是看博物馆。我看遍了维也纳的美术博物馆,又利用假期到欧洲其他国家去转,下了火车先要一张地图,直奔博物馆。我对西方现代艺术的认识只到印象派为止,印象派之后的事几乎是一无所知。于是看博物馆必带一个小本子,把自己喜欢的画和作者记下来。莫兰迪、巴尔蒂斯、杜比菲、塔皮埃斯等都在我的小本子上。可笑的是当时根本不知道,这些人其实是西方现代艺术大师。有一次在苏黎世的艺术博物馆,走进一间展室,里面只有一幅巨画,至少五米以上,描绘的是室内的场景,土黄色底以黑线勾出板墙上的木纹,透视的中心点上有一个凳子,上置一盆,盆内似有血,空空荡荡,神秘苍凉,使人倒抽一口冷气。我被深深地震动,记下了作者的名字 Anselm Kiefer。后来在阿姆斯特丹又见他的画还是令人震惊,直到回国之后多年才知道此人是德国绘画大师基弗。

我就这样逐步积累起一些对西方现当代艺术的直观认识。

在博物馆里朝拜已知名画,则是另一种激动。有些像和一个从未谋面的崇拜对象相见,既陌生又熟悉,既虚幻又真实。但和看现代艺术不同,我在这些名画前停留时间并不长,或许因为自己毕竟不是美术史论或油画材料的研究专家。

经澳门留学生梁丽霞的牵线搭桥,我认识了亚非学院画廊的主持人 Peter

Dolezal 先生。他看了我的画,愿意为我办"个展"。这个名为 AAI 的画廊,隶属于亚非学院,并非商业画廊,位于维也纳九区土耳其大街伏梯夫教堂后面。面积不小,但很简朴。办展不收任何费用,但需赠一幅画给画廊,作为亚非学院的收藏。

我将办展的信息告诉中国使馆,希望得到支持。对于留学生来说,使馆就是"娘家"。我常去那里看看中国报纸,讲讲中国话,也为大使馆做过一些布置会场之类的事。维也纳使馆里有不少上海人,特别是一秘王善棠先生和我姐姐相熟,对我这个老乡格外关照。更没想到使馆政务参赞曹其宁的夫人叶绪铃,看到我的名字,发现是小学同学。几十年没联系,竟会在异国他乡相遇,不免感慨。他们都参加了 1987 年 10 月我画展的开幕式,老曹还代表使馆致了词。

1986 年,和姐夫,在他维也纳的家中

这个展览展出了我在维也纳创作的 23 幅胶印纸版画。这也算是我的绝活,用了些特别的办法,造成斑斓的效果。从请柬、海报到布展都很简朴。虽不俗气,但规格不高。因为是我的第一个"个展",值得纪念。

展览结束后,我就开始考虑回国。我的这一决定出于许多人的意料之外。因为我留在维也纳有很优越的条件,有姐夫支持,衣食无忧,不需打工。姐姐虽已去世,却在维也纳华界很有影响,有利于我在此地安营扎寨。

我选择离开,因为我和姐夫当初商定学习一年,不宜随意变更不守承诺。其二,留在维也纳对我的专业发展未必有利。

1987 年 12 月,我乘上"维也纳华尔滋"号快车前往布达佩斯,在那里转车,途经苏联在莫斯科停留数日后回国。五天四夜横穿西伯利亚,散发着氤氲雾气的贝加尔湖,以及如同月球风光的蒙古景色,震撼人心。

1986 年,在维也纳的住所

一年半的留学生活结束了。现在回想我在维也纳主要不是学到了什么具体的知识和技能,总体而言有三大收获:一是学会了用自己的脑子思考问题;二是近距离观察了西方现代艺术状况,受到西方当代文化的熏陶;三是对中国文化有了一个远距离的重新认识,认清了中国传统文化的永恒价值。我永远也忘不了 Hutter 教授刚见到我时所说的那句话:"你到西方来有什么可学的?中国文化才是你该研究的课题!"

由于中国和西方环境差距很大,一个中国人在西方会碰到许多意想不到的事情。我的留学生活中,还有许多细节,无不显露出中西美术教学的差异。我参加了不少艺术活动,也看了欧洲的许多博物馆,有很多感受,若写下来是很有趣并发人深思的。但现在国门开放,进出的人很多,这方面的介绍文章铺天盖地,似乎不必再在此轧闹猛炒冷饭了。

1998年，在Unterrabnitz的工作室中作水墨画，窗外满目青翠

1997年，在新加坡南洋艺术学院校门口

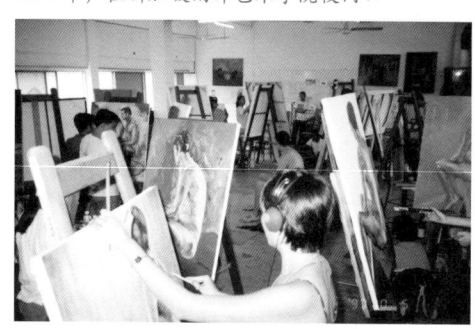

1997年，南洋艺术学院教室内景

七

1989年在上海市文化局艺术创作中心主任严明邦的支持下，我以中心的名义在上海美术家画廊办了一次个展，办展过程中得到肖谷、卢治平等人的许多帮助。个展展出了在维也纳所作的版画以及回国后新作的一些纸本绘画，既是向关心我的领导和朋友们作一个汇报，也是自己所走艺术道路的一个小结和回顾。那时我热衷于胶印纸版画，然而，不知为什么，在个展办成之日却是我对胶印纸版画失去兴趣之时。

这个时期还发生了一些对我很有影响的事。

1989年初李超等几个朋友带领美国亚太博物馆馆长卡曼斯基（David L. Kamansky）到我家看版画。现在想想真是委屈了这位馆长，他高大魁梧却不得不爬咯咯作响的狭窄楼梯到三楼的仅8平方米的亭子间里来看画。他看了我的版画之后却对我不经意堆在墙边的小幅油画比较赞赏，收藏了其中一幅。后来他在美国做了一个展览，介绍中国的新艺术，此画也在其中。这是一个偶然事件，却使我渐渐淡化了对版画家身份的专注。

差不多同时，上大美院油画系老师梅林出国，系主任廖炯模欢迎我到油画系任教（我回国后在设计系任教），我当然十分乐意。那时我经常混在油画系，因为我的一些好朋友如步欣农、金纪发、凌启宁等都在油画系。1990年10月我正式调入油画系。

用句老话来描述，油画系是一个团结友爱的集体，我到油画系后，同事们想方设法为我隔出一个画室。金纪发为促成此事，比对自己的事还要热心。这个画室对我而言非常重要，我开始画出一批较大的油画。

油画系老师之间坦诚相见，经常相互探讨画艺，油画圈和版画圈的气氛有些不同，我从这不同中学到了不少东西。

这以后我的油画作品顺利入选全国美展、中国油画展等国内较重要的展览，不知不觉从版画进入了油画的领地。

我人到了油画系，却仍以振兴版画为己任，和版友们一起策划了许多版画活动，另外也还刻了一些木刻，尝试从民族民间文化中汲取养料。这个时期的木刻，洋味越来越少了。其中一件《林中小屋》获得了第十二届全国版画展的金奖。这件作品在上海初评时，我相当犹豫，担心此画不太符合当时流行画面繁复、做工地道之风，万一落选空占上海一个名额。倒是卢治平力主将这件作品送出去。《林中小屋》后来为许多书刊发表，被众多艺术机构收藏，就此载入史册。

从1995年起我多次前往奥地利参加在布良兰特州（Burgenland）的一个国际

性的画家周活动，这回我是和来自欧洲多国的艺术家"同吃同住同劳动"。这中间所得到的感性经验是书本上所没有的。作为艺术家，尽管国籍、种族各异，却有许多共通之处，因而语言不通也可一见如故，艺术是超国界的。另一方面，我又发现，我这样一个中国人和他们在性格、脾气、习性、气质、观念上又有着巨大的差异。假如我的画和他们类似，恐怕是反常的。我从他们那里学到了许多东西，但我没法变成"他们"。

八

1997年我应邀到新加坡南洋艺术学院任教。我担任两个班级的绘画课程另带两名研究生。学生来自新加坡、马来西亚、印尼，还有大陆学生和两位法国学生。有些学生要求学会写实技巧，有些喜欢自由作画，我只得实行双轨教学方式，结果皆大欢喜。学院给了我一间约30平方米的画室，那个时期的画色彩响亮，或许是身处热带强烈色彩环境中之故。

经老友谢春彦介绍，我得以认识旅新的剧作家乐美勤。我和乐先生素昧平生，他却给了我很大帮助，出资为我办个展。12月，展览在非常现代的法国语言学院画廊开幕。这其实是一个告别的展览，1998年元旦一过我就回国了。

回到上大美院后发现油画系的画室已搬迁到极小的临时房子中，昔日油画系教师在画画过程中相互切磋的情景就此成为过去式。寻找画画的地方成了我的头等大事。正在此时，我今天的上司、那时的油画雕塑院副院长邱瑞敏征求我意见，拟邀请我到油雕院办展。能到油雕院这样一个学术重地去办展深感荣幸。我提出一个条件：要借油雕院的画室作画，邱院长当即同意，于是我又有了栖身之处。1998年5月，作为上海国际艺术节系列展的油雕院学术交流展开幕。我和油雕院的画家鄂圭俊各占一个展厅同时展出。

1999年我当选为上海美术家协会副主席，深感意外。回想起来，自己的艺术生涯一直和美协紧紧相连，刚刚步入画坛时得到美协的许多关爱和扶持，在参加美协组织的各种活动中渐渐成长起来。老一辈的美协领导大都是画坛巨匠，因而我一直诚惶诚恐，绝少提及这个新的头衔。

进入新世纪，在我身上却发生了一些意想不到的变化。尽管我常去西方，从西方新艺术中得到许多可贵的启迪，然而却不可思议地越来越倾向中国传统文化，因为这和我骨子里的中国基因暗合。世界正像一列呼啸向前的高速列车，西方文化是列车的优质推进器而中国文化却是刹车减速装置，这个装置看似消极保守，却是必不可少的。

2001年，Unterrabnitz画家周展览开幕活动

1998年，Unterrabnitz画家周的画展开幕，Burgenland州的州长也专程前来出席

1996年，作者每次到奥地利Unterrabnitz参加画家周活动便在这幢建于1719年的庄园中进行创作

我心仪许多"老式"的艺术，甚至我的生活方式也渐趋落伍，和当今花花绿绿的世界距离越来越大。如果说过去渴望外出，现在则是倾向回归，寻找在经济高度发达的物质社会中失落的精神家园。

人生之旅进入了另一种境界。

1998年，在上海油画雕塑院举办个展

1996年，在匈牙利Bekes参加一次艺术家活动，这类活动总是伴随着大吃大喝

原载《艺术界》，2004年第2期。

第二章 艺术教育

建议设版画系的报告

王劫音

建议在我院设立与国画、油画同等的版画专业。

理由如下：

一、国内外美术学院均设版画系或版画专业，其目的并非完全是为了培养出一个版画家。版画教学在整个美术教学中是一个重要环节，学生掌握版画语言的运用，对他今后的艺术生涯是很有利的。过去不设版画专业的理由是版画类的学生无对口单位，不好分配。事实上，油画国画类学生也是无对口单位的（大学毕业生极少可能进入油雕院和画院）。纯艺术类学生的就业有其特殊性。反过来说，据中央美院版画系的调查，该系毕业生反而比油画国画类的学生能更快地进入美术设计岗位。因为版画专业与设计有着某种天然的联系，因而中央美院版画系是很受学生欢迎的一个系。

二、我院建立了版画专业有利于和国内外美术学院及专业研究机构的学生交流。

三、上海各综合类大学，大都已设立了艺术学院和美术专业，但他们只有油画和国画，我院若在雕塑之外再设版画专业，这可以拉开和一般大学艺术学院的距离，增加优势。

四、由于上海艺术院校无版画专业，直接影响到上海版画事业的发展。目前上海版画有两大问题：一是青黄不接，后继乏人；二是学术水平下降，今年上海在全国美展（版画部分）入选获奖数量比过去明显下降。若我院增设版画专业，对改变上述情况必有很大推动。可对上海文化事业做出自己的贡献。

若院领导同意这一建议，并准备实施，关键是组织上要落实一位老师，担任版画专业筹建负责人（否则永远只能留于一纸空文）。据说，新校区将设版画工作室，由于版画工作室对通风、下水道等都有特殊要求，因而我建议该筹建人一开始就要介入版画工作室的选址及设备的采购和安置。否则木已成舟，再返工就会造成损失。这是迫在眉睫的事。

以上建议当否，供学院领导参考。

在画室中创作

1999年12月

素描教育感言二则

王劼音

画室一角

画室一角

个别高年级学生的素描不但没有进步，反而越画越差，这一现象虽不具普遍性，但值得研究。

除了学生受外界环境干扰等原因之外，从教学角度来看，似存在如下两方面原因：

一、学生从中专部或其他美术学校考入美院后，他们在上油画等专业课程时，觉得进入了一个新的天地，有吸引力，而在上素描课时，似乎只是在重复过去的训练，学生不知道如何站在一个新的角度去更深刻地描绘过去也画过的对象，他们只是在作熟练的重复劳动，这很容易消磨作画的新鲜感和主动性。

因而本科阶段的素描教学一定要向学生提出更高的要求，要启发学生自主地、有思想地去描绘对象，要找到一种质的变化，这样才能激发学生对高年级素描孜孜以求的精神。

二、现在的学生能通过各种媒介看到古今中外优秀美术作品，这是他们所具备的比我们这代人优越得多的条件。

能看到许多好画，这对于他们今后在艺术的攀登是极为重要的。然而，正如一切事情都有正反两方面的效应一样，学生往往被各种艺术潮流及流派搅昏了头，他们做着各种尝试，结果都一事无成，往往连原来的苏派素描根底也丢掉了，他们再也画不出一、二年级时的素描作业来。

因而，要启发学生自主地、有思想地去学习世界优秀艺术成果，不要从过去的表面模仿客观对象变成模仿大师的技巧，从而也丢失了自我的判断能力和思维能力。

我以为以上两点是素描教学中应加以注意的事。

1996~1997学年《教学工作简讯》第四期

从无到有的版画专业
——王劼音版画教育访谈

刘向娟

最早听闻王劼音老师的大名是刚刚入职上海大学美术学院之时，我为全国高等院校基础教学做调研。当时，王劼音老师刚刚荣休，但涉及上海大学版画教学时是最常被提到的一位教授。于是，时任版画系主任的周国斌老师亲自带我到位于还在淮海坊的王老师家做访谈。那个院落地处上海最繁华的地段，王老师身材高瘦，气质斯文，谈了很多关于版画教育及创作的见解，令人印象深刻。自从认识王老师后，就发现他的艺术创作领域一直在拓展、深入，艺术造诣随着年龄的增长日益纯熟高远。他的包括版画在内的油画、水墨作品，屡屡出现于各种展览之中，让人感受到愈加酣畅的表达与高逸的艺术境界。

2015年起，上海大学美术学院决定为每一位在美院发展历史上做出过重大贡献的教授们编撰一套《足迹》丛书，我有幸成为《王劼音》分册的主编，有机会再一次来到王老师的工作室，面对面地感受这位曾经为我院版画教育教学做出重大贡献，现在仍然在各艺术门类中具有相当创作活力的知名艺术家的艺术人生、教育理念和创作感受。

这次，王老师的工作室刚刚搬入一座大厦的18楼，因为刚刚迁入，很多东西还来不及收拾，但硕大的画架、画板已经撑开，创作仍然没有间断地进行。午后的阳光特别温暖，窗外，魔都繁华的城市景象尽收眼底。王劼音的访谈就从2001年上海大学美术学院版画专业实现"零"的突破开始讲起。

维也纳媒体关于版画系的报导

刘向娟（以下简称刘）：您是我们上海大学美术学院版画专业的创建者之一，能否简单谈谈这个"从无到有"的过程？

王劼音（以下简称王）：版画专业成立之前，我在油画系任教，在油画系开了一门版画的选修课，很多其他系的学生来选修版画课。有国画系的、雕塑系的，很多学生我都接触过。当时学生的兴趣很浓，也搞出了一点作品。主要是木版，我收藏了很多他们的作品，这些学生作业我现在还保留着。

我相信这门版画选修课对于其他专业的学生蛮有帮助，因为拓宽了他们的思路。本来油画系主要画素描，突然有个新的东西，他们就很感兴趣，有些人成绩很好。我记得，油画系有个学生叫王韧，她在课堂上创作的版画，居然入选了全国版画展。我还曾推荐一些学生习作在《新民晚报》上发表，反响还不错。那个时候，我还在夜大（也就是成人教育学院）上过版画课，就是许承兴老师那里，还专门做了一个展览，出了本册子。所以，上次油画系出画册我还写了点文字，提到在油画系开版画课，可能全国美术院校里还没有的。

我一直觉得奇怪，上海的美术院校里从来没有版画专业，老的上海美专，到我上学的上海美校，一直到上大美院。可是，那个时候，上海美术界很多领导却都是版画出身，比如沈柔坚、杨可扬、吕蒙等等。很多其他美术学院的优秀毕业生来到上海以后，发现发展的空间很小，版画创作环境很差，绝大多数只能改行。再比如说，国外有些版画的机构团体来访问，我们上海这里对接不上，因为没有版画专业。所以，我就开始呼吁，打报告，终于得到了美院领导的支持，李天祥院长批了一些钱，然后是汪大伟院长，成立了版画工作室。

刘：能具体谈谈当时创建的过程吗？

王：首先，很多人不清楚版画到底是个什么概念。甚至包括其他画种的画家，你问他铜版画是怎么做出来的，这个具体的制作过程他不知道的。那我之前在油画系和成人教育学院上课的时候，就有意识地普及版画是怎么回事。然后，版画系要弄起来很烦的，需要很多设备和材料，又是铜版，又是石版，又是丝网版，很费钱。所以具体创建的过程很辛苦，主要是周国斌老师和王德源老师在操作，跑印刷厂啊，制作机器啊，到其他院校去学习啊。要制作教育大纲、采办材料，除了跑院校还要跑定做机器的工厂，比如要到哪里去定做这个铜版的机器呢……因为一切都是从头开始。他们两人跑了蛮多地方的，前后将近一年时间。就这样，大约到2001年，版画工作室开始招生。

刘：您能谈谈当时对我们上海大学美术学院版画专业在方向和课程设置上的一些想法吗？

王：当然。学生招进来了以后就碰到一个问题，怎么上课？一般来说，进了学院就是画素描，画人体，无论什么专业，油画、版画、雕塑。如果是美院附中考进来的学生，这些他已经都画过了，而且有了一定的认识与水平，进来再画，是否对我们版画的学生合适呢？因为版画的技术也很多，石版、铜板、丝网版，一共也就4年，课时很少。很可能大段时间去搞素描了以后，就没空去搞专业。这个矛盾在版画专业是比较突出的，而其他专业不会觉得素描和专业有冲突。

我对这个矛盾有点自己的想法。我觉得，既然能考进美院来，这个素描功底就已经可以了，因为艺术无止境，基础也是一样，没有底的。我们不要花很多时间画写实素描，而是因早一点进入专业训练，即使是画素描也是画我们版画系的素描。什么是版画系的素描呢？就是比较强调画面的结构，而不是强调正确临摹对象，可以画得不像，但是画面一定要好。

于是我就在教学上做了点尝试。举个例子，当时大学里面一年级除了画素描还要画色彩，色彩就是画静物：一个罐子、两个苹果……类似这种东西。我就想，先画一张写实的，接下来画三张变体画，变体有各种方案，怎么变我都告诉他们，可以变成单色、可以明暗对比非常强烈，也可以非常平面，我归纳了几个模式给学生。规定写实画完了以后，同样的角度要画三张变体画，让他通过这种训练慢慢从写实走向版画的构成。我比较倾向于平面构成，但是又不同于设计系的平面构成，版画语言蛮特殊的，它既有点走向构成，但是又不同于那种很装饰的东西，还是绘画性很强，艺术性很强。比如说，毕加索，有些油画很平面，但那不是装饰画，还有马蒂斯，作品有图案，但它不是装饰画，不是工艺美术，这里面有个很微妙的区别，我希望学生能够了解到。版画既不是三维空间的东西，又不是装饰画。

刘：我们上海大学美术学院版画专业非常年轻，您当时有没有考虑过该如何走自己的路呢？

王：我先打个比方，汽车制造，我们中国可能落后先进国家50年，但是呢，如果你搞无人驾驶汽车呢？大家都没有搞过，那就在同一个起跑线上了。大家会认为我们版画系是新开的，需要到中央美院，到浙江美院去取经，把他们的东西拿来。我倒觉得要因地制宜，根据上海的特点，不一定完全去复制中央美院，因为他们底子很深厚的，复制他们，一来永远在别人后面，而且也就没有了自己的特点。我们上海的美术教育可以眼睛快一点，吸收新的东西快一点，不一定搞得很传统，可以搞一点新的语言。

这个问题也可以体现在对下一任版画专业负责人的任命上。我和周国斌老师先后退休，请谁做负责人很重要。当时有老师建议，能不能从外面调一个在全国的版画界稍微有点影响的进来。但是这个有难度，各个方面的原因吧，甚至还有一些很具体的生活方面的问题，所以很难。后来就请秦一峰老师来主持版画专业的工作。

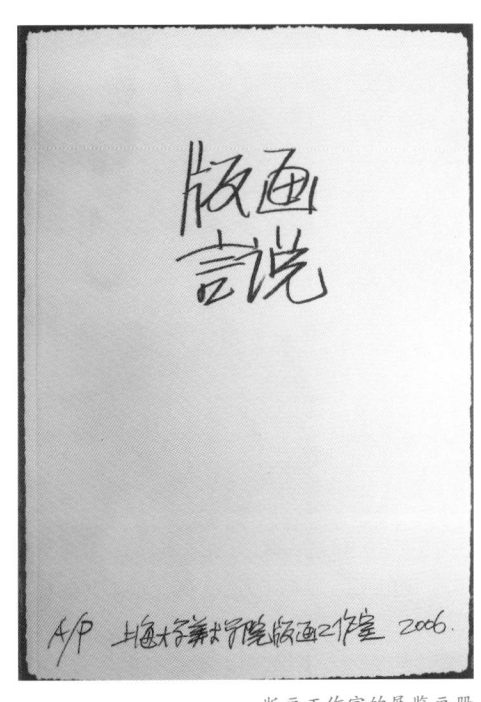

版画工作室的展览画册

由上海大学美术学院版画工作室承办的"犹太人在上海"艺术活动

上海大学美术学院版画工作室的系列展览与活动画册

但是当时还是有顾虑的，比如秦老师不是版画出身，现在来管理这个专业，到底行不行？之前我们请他过来给学生们上过一些设计方面的课程。当时，他带学生去看当代艺术的展览，讲解空间，教学生怎么布展，出画册怎么编排等等。结果，他这门课上得蛮好，蛮活。秦老师教学的时候，思想很活跃。版画不版画无所谓，但是作品要好，要当代，要和现在的当代艺术接得上轨。他来了版画系以后，还策划了一个活动，让丁乙、张恩利等这些著名艺术家到我们版画系来创作版画。这些版画现在还留在学校。我也是比较倾向于和当代说得上话，所以觉得这个恐怕就是上海的特点，是教学上的一种新思路。秦老师对学生说，你们不要去管什么中国美协，不要眼睛只盯着中国版画展，可以更加开阔，只要作品好。我现在倒是蛮认同他这个观点和教学尝试的。不要框在版画里，如果你没有进入当代的语境的话，就是个版画工匠，没什么意思。我觉得说不定这就是上大美院版画系的一个特点，因为目前，我们版画专业有几个学生毕业后在当代艺术这个领域有点声音了。试想一下，如果当时请一个版画技术非常精良，艺术思想却很传统的教授来的话，也可能我们的学生作品能够参加全国版画展，也可以在全国版画界说上点话，但我觉得这不是我们上大美院的特色。在国外，版画其实并不是所谓的版画家在搞，而是一些著名的艺术家。毕加索、马蒂斯、梵高、达利、伦勃朗都做过版画。国内现在也有这个趋势，比如说，方力钧、周春芽等，版画家的身份其实就是艺术家。我再举个例子，版画专业有个女孩叫张如怡，她现在发展得很好。有一次她在莫干山路开展览，非常不错。她的作品已经在杂志上，比如《艺术当代》发表过好几次。她在开幕式上和我打招呼，说我是您的学生，版画专业的本科，后来考了陶瓷艺术的研究生。现在她在搞当代艺术，所以我觉得，版画专业毕业的学生，是不是一个好的"版画家"不要紧，要紧的是，是不是好的艺术家。

刘：走向当代又如何兼顾版画教学，看来也是需要探索的重要课题。

王：学院教学一定要面向当代，和当代艺术的发展产生共鸣。学院教学不能搞成和外面的艺术活动不相关的经院教学。这是我们的战略思路。但在战术上，我们要十分强调版画的专业教学，要培养和训练学生掌握版画的技术语言，不能把版画系办成新媒体艺术系之类的学科。这是我们的基本想法。

当然，一切都要靠实践。许多事讲讲容易做做难。

刘：今天的采访非常有收获，我们可基本了解上海大学美术学院版画系的教学思路和历程。相信上海大学美术学院版画系会办出自己的特色，走出一条新路。

再次感谢王老师！

版画专业色彩教学初探

王劼音

定下这个题目已经先失了分。因为当今正在流行将不同专业的基础课合在一起，开设公共基础课，流行淡化专业，强调综合。这种流行或和架上绘画下课，让媒体艺术登场的国际大潮有关。

但是，至少到目前为止，还没有人说社会不需要油画、国画、版画的专门人才。因而我们还应静下心来研究版画专业的基础教学。

版画专业有其特殊性。版画特别是黑白木刻，有其局限性，正是这个局限性形成了版画的特点和优势。版画家面对美丽的客观对象，无法直接加以描绘，而要进行主观的思维、技术的转换，才能在作品中体现出来。版画的局限性逼迫版画家脱离如实描绘对象的局限而自由飞翔。

版画系教学场景

写实基本功的掌握，对版画专业学生而言仍相当必要，因为此种训练能建立起学生和客观世界间的一个通道。然而，通过入学考试进入美院的学生均已初步掌握了写实基本功。

学生的基本功也许不够扎实，但版画专业的学生要学习凹、凸、平、孔诸版种的技法和技术，学习时间远远不够，必须较早进入专业角色。因而版画专业的基础训练应该异于油画专业，不再以写实基本功为重点，而应以培养学生脱离如实描绘对象而自由飞翔的能力为主要目标。

因而，我们的色彩教学不再重复在附中所进写的那种写生训练，而是从一开始就进入研究画面的色彩结构。

对色彩的研究不同于设计专业的色彩构成，色彩构成有完整的教材，有一整套规则，学生有章可循。版画专业的色彩训练，要靠学生自己去悟，让学生学会如何在一张白纸上慢慢浮现出一幅完全个人化的优美图像，这是把梦想变成现实的过程。

为了保护学生的天性和个性，防止将外界现成的范例，强行注入学生脑中，因而上课不做示范，也不展示大师名作，让学生自己去寻找适合自己的表现方法。

习惯于某种计划化注入式教学的学生对这样的自由会很不适应，他们会无所适从，对着白纸发呆。经过一两张作业之后，大部分学生都能在其中找到兴奋点，激发出创造的乐趣。这对于培养一个艺术家来说是至关重要的。

这里所说的自由绘画，并不是随手乱涂，而有一个非常严格的结构在支撑。优秀的作品往往是自由和严密结构的奇妙统一。

教师要根据具体的画面，引导学生去认识画面结构的规律，这种规律不是一种简易、易套用的公式，而是不可言说的潜规则，其主要原理是对立统一的规律。学生要联系如何将不同色彩以及深淡、大小、高低、曲直、冷热、厚薄、方圆等等画面诸元素组成和谐的画面。

版画系教学场景

  以上是版画专业色彩教学的一些构想。这里选出的一些学生作业可以为大家提供一些实例,某一门课的教学,要经过一个教学循环才能看出端倪。目前的教学实践,肯定需要根据现实的教学情况不断加以修正。热切盼望来自各方的意见和建议。

2005年

转载自上海大学美术学院编:《复数风景——版画专业的创作与教学》,《上海大学美术学院50年文献集成》,上海人民美术出版社2009年版。

版画专业色彩基础教学方案

王劼音

版画专业有不同于其他专业的特殊要求，因而版画专业的基础教学也不同于其他专业的基础教学。

这个不同表现在以下诸方面：

一、由于考生均已通过入学考试进入版画专业，这说明这些考生在常规素描、色彩训练方面已经达到要求，因而在进入版画专业后，其色彩训练不再停留在常规训练阶段，不再重复考生在各美术中专中进行的写生训练。学生的写实功夫是可以一直训练下去而无止境的。对上大美院版画专业的学生来说，进入版画工作室，就意味着常规基础训练告一段落，开始进入一个全新的系统。

二、版画既不同于正确描摹对象为主要目标的油画专业，又不同于纯粹研究装饰构成的设计专业。版画是介于两者之间的一个独立阶段，因而版画专业的基础训练也必然不同于油画或设计专业。

三、版画专业的色彩训练的重点已不再是诸如如何表现对象的空间、立体感、质感，不再注重透视形体结构的正确表达，不再研究写生色彩学中固有色和条件色的关系，以及色彩空间表达的微妙效果。学生的训练重点从真实描摹对象转到研究画面结构规律。

四、所谓对画面结构的研究有两层意思：

A. 这种研究是有对象的。即有具体的物体作为描写对象，但是这个描绘只是作为研究画面构成的进入途径，或曰"借题发挥"，已不需要对物体作"逼真描绘"。学习的重点是研究画面构成诸要素，如：黑白、冷暖、方圆、长短、曲直、粗细，不同色彩的对应关系，颜色的厚薄、肌理等等。又要进一步将这么多画面要素最终组成一个对立统一的画面。

B. 因而，这种学习又不同于设计系的色彩平面构成练习。因为此种练习仍要从客观物体中、从生活中找到某种启示。版画专业色彩练习也会进入纯抽象，但这种纯抽象仍带有较多的感觉因素，而不是设计因素。因而，很难归纳出若干模式来进行教学，而是随意的、主观的、即兴的、无章可循的。

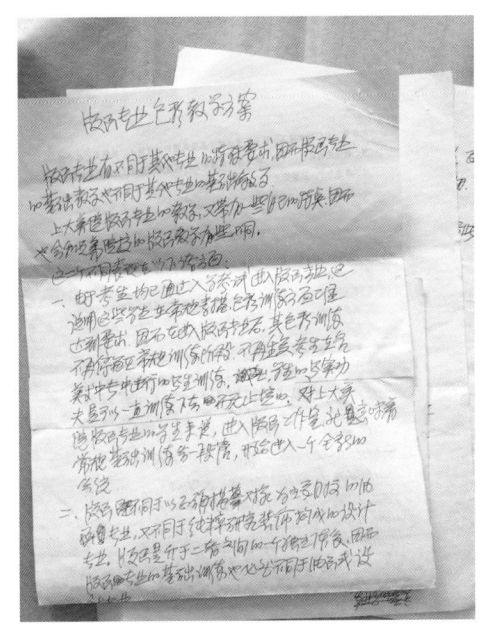

上海大学美术学院版画工作室成立时王劼音的教学大纲手稿

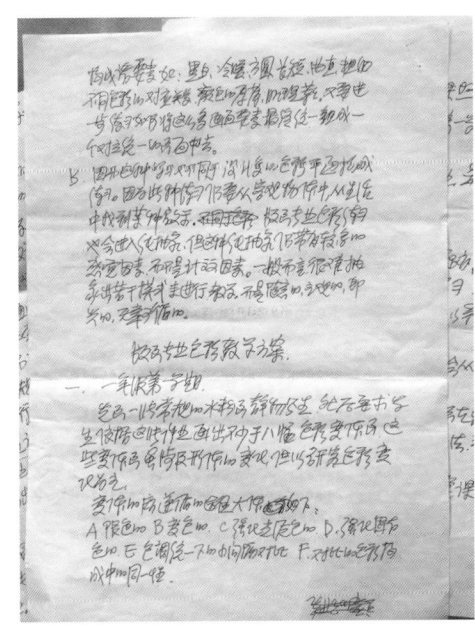

上海大学美术学院版画工作室成立时王劼音的教学大纲手稿

《复数的风景——上海大学美术学院成立50周年版画分册》前言

王劼音

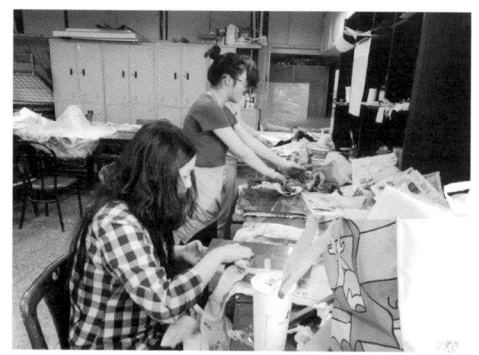

版画系教学场景

世上最早的木刻版画诞生于唐朝咸通九年。有着悠久历史的中国木刻始终只是复制绘画的印刷术。直到1931年鲁迅先生在上海倡导新兴木刻运动，才使中国的复制木刻走向了创作版画——也即真正意义上的现代版画艺术。如此说来，上海便是中国现代版画艺术的发源地。

颇具荒诞色彩的是，在这个现代版画发源地，中国最发达的现代大都市的上海，长期以来既没有版画的学术研究机构，在高校也不设版画专业。

版画家在上海一向处于在野的游离状态。这样的一群散兵游勇，尽管满怀着对版画艺术的热忱，尽管个人的艺术素质相当优秀，但终究无法和外地装备精良、学院出身的专业版画家抗衡。这便是上海版画的软肋。

2001年上海大学美术学院终于设立了版画专业，实现了"零"的突破。这在上海美术史或美术教育史上是应该记上一笔的。然而，在光怪陆离的都市里没有人会去注意美术学院设立了一个称之为"版画"的专业。这是一个边缘极了的名词。因而从开设版画专业到首届学生的毕业展览，没有宣传、没有报道，仿佛一茎小草，悄悄地、默默地生长着。令人欣慰的是，八年来这株小草长势喜人。虽然不够伟大，没有轰动效应，却在上海的文化版图上增添了自己的色彩。其中涌现出的一些新人新作已经崭露头角。而版画专业教学对整个学院教学的潜在影响似乎也不可低估。

今年适逢上海大学美术学院成立五十年大庆，要办展览出画册，这为版画专业教学提供了一个回顾和展示的机会和平台，亦可借此契机总结八年来的办学得失。这种总结绝不是写给"上面"看的官样文章，而应该真正静下心来思考一些有关版画艺术和版画教学的既宏观又实际的问题。

就这样一步步踏踏实实往前走，那么，我们有理由期待今日这株平凡而又不引人注目的小草演化为明日无垠的草原。

2009年3月

摘自王劼音先生为《上海大学美术学院成立50周年版画》专业文献集所作前言，见《复数的风景——版画专业的创作与教学》。

执教论述

王劼音

在美协创作研修班上课

到美协创作研修班上课忽已十年。

协会领导对这个班相当关心和重视，然而在总体教学宗旨确定之后对我的具体教学工作都很放手，从来不加干涉，因而我可以按照自己的设想和思路自由而舒畅地实施教学。

研修班学员之间在年龄、经历、知识结构、艺术追求等各方面相异悬殊，呈现五花八门的复杂形态，但却有一个共同点：真正热爱艺术，肯把心思放到绘画中去。不少人工作繁忙，上有老下有小，却仍执着于艺术，令我感动，和现在许多没有心思画图的美院学生恰成对比。

这便是我乐于到研修班上课，并和这个班的学员结下不解之缘的原因。

我上课既无教案也无教材，更无示范作品，是"三无教学"，和今日越来越规范和强调"形式感"的美院教学完全不同。我所做的事只是对着每个学员的作品"仗义直言"。这里的"义"就是对画之优劣的一个评判标准。倘若心中没有一个明确的标准，便无法"直言"，只能虚与委蛇，模棱两可地说一些似是而非的话来淘浆糊。

那么，画之优劣的评判标准是什么？我以为就在"创作"的"创"字上。看一个画家的水平，就看他有没有创造精神，是否有独立的见解，而且一定会在绘画的实

在画室中创作

践中最终形成自己独特的表现角度、表现技巧和方法。

因而，一幅在技法上或许十分高超，无可挑剔的完美作品，如果只是模仿别人而没有自己的观点和角度，例如模仿陈丹青画一幅西藏人，或模仿陈逸飞画一幅水乡，是没有什么学术意义的。我因而仗义直言地否定了许多资深学员的似乎十分精彩，但有很强的模仿倾向并无创意的作品。

相反，也有些学员没有进过学院，写实基本功较差，但却能用自己的眼睛看世界，用自己的方式来表达自己的感受，从他们的作品中反倒可以看出一些属于他个人的特别东西，我会对这些作品加以肯定。

好在现代绘画不再以写实基本功的好坏作为评价画家的唯一标准，一个从未受过学院训练的平民也有了进入艺术殿堂的可能。从这个角度看，每个学员都有自己的优势和闪光之处，我要做的事只是让他们知道自己的长处，充满自信地在自己的道路上往下走。

我的仗义直言，或能使不少学员警醒，开始思考关于艺术创作的较为本质的问题。但这样的"直言"总是带有自身的局限性，往往难免偏颇之处，也会潜在地影响学员的独立精神。这正是艺术教学的两难之处：要进行教学必得建立一套标准，而标准的建立恰恰又限制了艺术的创造性。

实际上艺术创作归根结底是个人的事，教师的作用是相当有限的，你在艺术上所有碰到的问题最终只有靠自己去解决，没有人能帮得了你。

研修班的具体主持人武国强先生对工作十分执着，努力营造一个良好的艺术环境，大家沉浸其中研究艺术、享受艺术，不亦乐乎。然而世上没有不散的筵席。离开研修班之后的道路还得自己走下去。可以预见大部分人将被时尚和金钱构成的世俗社会所吞噬。或有少数人能保持自己的独立精神，最后修成正果。

上海美术家协会创作研修班十年的教学，终究给大家留下了一段美好的回忆，值得珍视。

2010 年 9 月

转载自《渐变——2000—2010 上海市美术家协会创作研修班作品选》前言。

王劼音的版画创作与教学

口述：周国斌　整理：刘向娟

一

我印象中王劼音老师最早在"文革"期间搞的版画创作就画得非常好，里面的人物造型还有黑白关系相当到位。我们都看到了，还专程去拜访他。在他同辈的画家中间，他属于佼佼者，受过专业训练，眼光也很独特。他的同学都是很写实的，他的写实功力也很好，但是走的艺术道路和其他人比较，是完全不一样的。王老师那个时候刻的版画作品，虽然内容是大批判的，但是工人形象特别生动，因为他有体验的。他从上海美术专科学校毕业以后，在苏州河旁边的上海火柴厂工作过，非常辛苦，知道工人工作的真实状态是什么。

他很早就关注民族传统的东西。我看他借的图书馆画册，有西藏的唐卡，还有原始社会的彩陶，还有民间的年画和剪纸。我觉得当时王劼音的获奖作品《林中小屋》，就有很多东西在里面。在上海当时的画家群里，他是比较早认识到这种民族元素的。他在以前的回忆文章中提到过，留学奥地利期间，他的老师问他"你们中国的艺术很好了，你来学什么呢？"于是王老师经历了"失重"的感觉，老师随他画，没有约束，他有了很多的时间。

我觉得他能够跳出一些框框，能够突破，是不容易的。他那一辈画家都是搞写实的，而且很有影响了，他是从写实的路子中走出来的，另外开辟了一条路，建立自己的语言，和别人的完全不一样。

版画系教学场景

王老师现在虽然不大做版画了，但是有很多绘画的语言是吸收了版画的处理方法。举个例子，他有的油画中间，那种线条，不是用笔画出来的，是印出来的。比如油画布上很多线条，是先用一张纸，上面涂油画颜色，然后压在油画布上，用笔的另一头，"嚓"一划，印上去的线条，那就是版画的技法，非常顺畅。印上去的线条与画上去的线条完全是不一样的，于是创作出与传统油画不一样的感觉，有时候让观众猜不透，看不懂。一定要有一点版画经验的，做过的，才会这样去做。他还做过脱胶版画的展览，创作的手法非常多元。

二

版画专业变化很大。王劼音老师调进美院的时候，没有版画专业。他那时已经做了很多版画了，而且还有个原因，当时很多外国朋友到上海来，除了油画、国画，还想看看版画教学，看看我们的版画创作，因为上海的版画在历史上，特别是20世纪30年代，有过重要影响。于是经过王老师呼吁，李天祥院长拨了一些钱，给了一个空间。1990年，版画工作室就成立了，但是不招收本科生。

版画工作室成立时定制的第一台印刷台，至今仍然在使用

一开始条件非常艰难，都是一些最简陋的设备。还记得我们要订做一个丝网晒版的灯箱、一个印刷台。没有人愿意接这个活，因为版画专业的丝网印刷台面需要一个个的小孔，很费钻头又费力。最后还是请了一位学生的父亲来做，这个台子现在还是大家最喜欢用的。那时候，王老师刚从奥地利留学回来，在油画系任教，我和王德源老师在附中。我们就充分利用这个工作室，开始给各个系上版画选修课。王劼音老师上得最多。油画、国画、设计、雕塑系的学生都来选，上课内容大多数是黑白木刻，居然特别受欢迎，因为他们都想了解版画的手法。

就这样搞了近十年。到大概1999年吧，我们要搬到新校区来，汪大伟院长建议开一些工作室，版画、陶瓷什么的。我记得王老师和我说，让我来帮帮忙，一起搞版画专业。当时还有一个南艺调来的年轻老师，一起帮忙做。

因为版画需要很多工具、设备、材料，而且设备很复杂，跑工厂，订制设备。购买机器的厂子分布在全国各地，都要联系，要到厂子里去看，根据规格订制。比如大型的不锈钢水槽，还要谈价格。大概一年时间，天天跑。遇到过很多麻烦，比如教学楼里的门太小，设备根本进不来，有的设备要拆开重新组装，有的设备不能拆，那就拆窗户，我们又没有工作电梯。零零碎碎很麻烦，我记得快结束的时候，大家都是干到凌晨一两点，早上七八点又来了。

我对王劼音的版画教育，印象比较深的是他坚持走自己的路。他认为，中央美院、中国美院什么的，老牌学院，搞得很好，经验我们要吸收，但我们一定不能重复。条件不一样，人家几十年下来，有很多积淀，我们上海版画，从1949年到现在，没有版画的专门教学，这个空缺要填补，不可能按照其他学校的来。就材料来举例吧，石版用的石料，我们到2000年的时候，根本搞不到了。我走遍了上海很多印刷厂，都没有，后来到中国美院一看，都到他们那里去了。他们也是几十年积累起来的，从解放后开始，一直到上海来收集，杭州没有这东西。这种石头产于德国，以前远东最大的印刷机构商务印书馆就有，因为他们有这种专门的石版印刷的工场，进口德国的石料。1932年的时候，日本人轰炸闸北，把商务印书馆炸了，工厂印刷的设备全部毁掉了，特别是东方图书馆，那么多版本书都毁了。后来这些好的石头也失散了，听说有的石头还被鞋厂去做了鞋楦。还有流到各个美院的，解放以后，浙江美院来到上海，收了很多，我们2000年创建的时候，早就没有这个东西了。我们只能从湖北买灰色的石头代替，但德国石头是乳白色的。

在实际教学过程中，王劼音不一样的地方在于，对学生的拘束比较少。他总说，基本功很重要，但是永远没底的。学生考进美院，就是基础合格了。需要搞专业创作了，还要注重找到自己艺术语言的表达，要走自己的路。王老师上课过程中，从不拘束学生，在画的过程中,他会提出,这边好一点,这边还可以加强。他还说,咖啡也可以画画,什么都是绘画的材料。对老师也是一样的,他强调老师除了教学,一定要做创作,两者要兼顾,不能偏废。所以我们上大美院版画专业这几年没有模仿别人,也做出了一些自己的特色。这些都要感谢王劼音老师一开始明确的版画艺术教学目标。

工作台上布满小孔,全是手工一个个钻孔

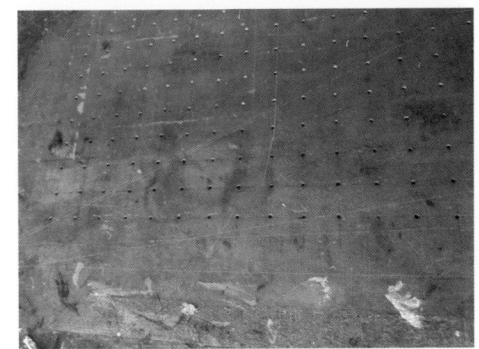

记载版画工作室历史的工作台

新世纪的开拓

周国斌

版画系教学场景

进入 21 世纪的版画艺术教育，正值中国改革开放的历史机遇与经济全球化的浪潮。前有百年来上海文化的历史积淀，侧有兄弟院校版画教育的丰富经验，留给后来者上大美院版画师生的，只有在新的形势下奋力开拓，才能争得自己在版画界的一席之地。以著名画家、学科带头人王劼音教授率领的专业教师团队，大多数毕业于上海大学美术学院（原上海美专），还有毕业于中央美院、中国美院和留法归国的青年教师。这支队伍在长期的海派文化熏陶与学院训练下，文化嗅觉敏锐，专业技术成熟，个人素质较高。特别是王劼音老师，早年毕业于浙江美院和上海美专，后留奥归国，兼有中国传统文化与欧洲当代艺术学养的双重背景，对上海的城市文化有较深刻的认识，对海派文化与当代艺术的国际潮流有独特的个人立场和艺术创造的丰富实践，注重版画创作的当下语境与本土文化的互相融合。在艺术语言的拓展和创造意识的凸显中，表达人格的独立和精神的自由。为创办中国艺术院校中最年轻的版画专业，我们南下北上，去兄弟院校取经，得到他们的大力支持，获得了珍贵的教学资料。上海都市文化有其开放的历史，城市总体氛围和现当代艺术接近，要注重时尚和公共文化空间。根据这些特点我们慎重制定教学计划，学习一切已有经验，但要从实际出发，不照搬，并在教与学的实践过程中不断修正，以期逐步形成自己的办学特色。

在基础教学中，注重写实训练的同时，较早走入画面形式结构的研究，课堂作业从单纯的习作较早过渡到创作；在习作阶段就引入创造性思维，启发学生的想象力，培养技能的综合运用能力；开设设计基础课程，并非仅为学生将来谋职，而是把设计课程看作是现代版画教学的重要基础，其核心是从设计的创造性理念入手，用版画的视角重新审视颜色关系与空间关系，汲取设计艺术的新观念和新手法，借鉴和提纯某些概念与技法，让学生用不同于传统绘画的方法，尝试观看、思考与表达对象的新路径。它既不是传统训练的模仿，也不是设计专业三大构成的简单翻版，它是合乎当下的创造性实验。

当今，受到西方现代艺术冲击的版画教学，在技术的层面上，通过语言、形态、材料、造型的研究，拓宽了传统教学的视野，着力于视觉思维的感悟，正在重新整合传统与现代的优秀基因，强调实践，规范操作，尊重学生个性，以现实生活的感同身受和深入思考为基础，用新的语言表达自我和感怀周遭。

纵观艺术的发展，适时的人文背景不可或缺。学生有理由了解更多的知识，教师也应不断更新已有的东西，从而在新的视野中建立比较和创建。因此，艺术学习的通识教育被提上议程。中外文化经典涵盖古今中外丰富的文化遗产，从文学到哲学，从社会学到艺术史，中外文化与艺术从来都是相互参照和相互渗透的，艺术的历史也是思想变革的历史。解读艺术需要文化的素养，它是学科的互通与启迪。今天的上海大学有很多文理、艺术、外语的选修和必修课，其目的是营造一个通识教育的平台，主干和非主干课程的学分网络构成平台的内容，知识和思想的训练是完整的人格构建的必由之路。

上海城市的社会文化和大众文化十分发达，还有众多与艺术有关的创意企业和公私画廊，这是当今版画教育应该充分利用的宝贵文化资源。除了学校课堂教学，我们鼓励学生积极参与公共艺术项目活动，纳入课程教育的重要内容，学生广泛接触社会民众和专业人士，结合自己的研究方向有针对性地体验生活，从而提高学习的积极性，提升个人的专业技能，增强实战能力。我们采用走出去、请进来的方式，一是鼓励师生积极创作，参加展事活动，举办各类版画展和组织评奖；营造实践活动的良好氛围；派遣师生出国考察，提倡参与创意园区有关的技术、组织与服务性工作，既获取报酬，也为今后踏上社会做好思想和经验的准备。二是聘请国内外专家来校讲课交流与技法示范，广泛了解版画艺术的创新现状与技术信息。

版画系教学场景

摘自周国斌：《世纪之交的上海大学美术学院版画教育》，原载《足迹——从上海美校到上大美院》，上海大学出版社2009年版。

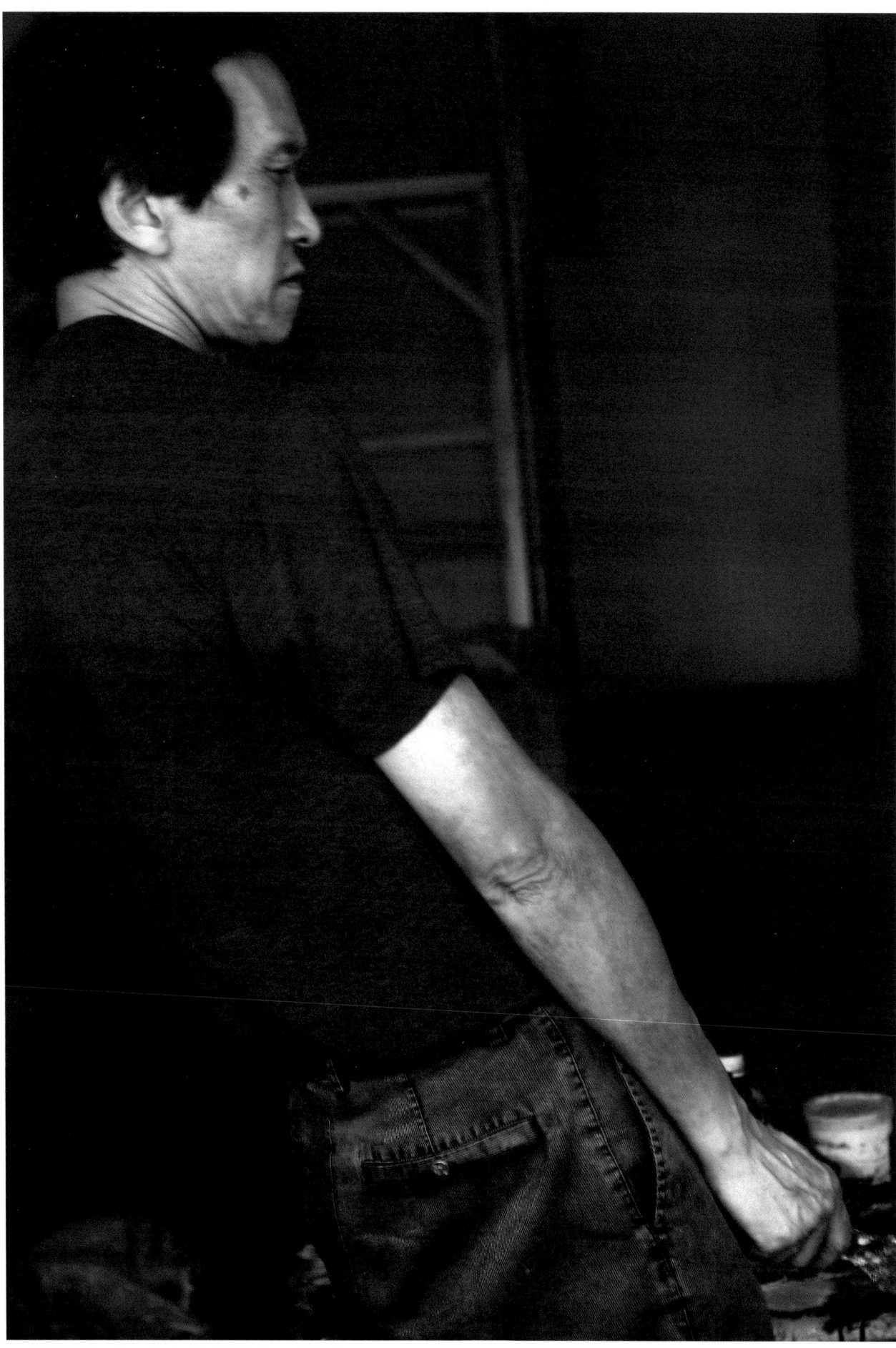

第三章 艺术观念

走向世界的中国版画
——在全国版画艺术讨论会上的发言

王劼音

在科技高度发达的今天，一个国家的艺术已经不可能闭关自守，独守一隅了。当我们研究中国版画时，不能只局限在本国范围内，而应该把它放在一个国际大环境中去进行研讨。中国版画走向世界，这是每个版画家的愿望，也是一种必然趋势。中国版画如何和世界对话，这里面有些问题可以进行探讨。

一、中国木刻的发展前景

中国版画是一部木刻史。木刻之外的凹版、平版画直到解放以后才有了点气候，至于孔版画则还是近几年发展起来的。这种情况和国外多种多样的版画形式和技术形成了强烈的对比。许多版画家对长期以来的木刻一统天下很不满足，他们以各自现有的条件出发，或钻研凹、平、孔版技术，或探索新的版画制作方法，创造出新的版画种类，大大丰富了版画的语言。这无疑是我国版画发展史上的重要一页。然而，中国版画在国际上得到承认的往往是木刻。对于一些我们认为很精彩的凹、平、孔版作品，国外版画家总是批评说印得不清楚，有这样那样的毛病，因为我们的设备、材料太原始，制作技术也很低。我们用普通的铅画纸、胶版纸和一般的印刷油墨，甚至用油画颜料和浆糊印制丝网版画，用这些材料制作的版画效果很差，在国外常被归作中学生习作。这个问题近期内很难解决，我们虽然可以进口一些设备，但无法依靠进口材料来作画，版画家还未富到这一步。目前，国家也不可能生产专门为版画家用的纸张、油墨及其他化工材料。

对于中国木刻来说，却不存在这个问题。当我们用中国的纸、墨、颜料，用传统的水印或线描的方法作画，我们便取得了某种独一无二的地位。他烧他的汉堡牛排，我煮我的麻辣豆腐，两者无法类比，各自有自己强烈的特色。

我们的木刻有一种潜在的优势。

现代物质文明的高度发展带来了一系列的诸如环境污染等问题，这造成了西方人的忧患意识。他们向往回归自然，留恋消逝的岁月，对手工制作大加赞赏，认为机器生产的产品缺乏人性，因此，认真研究传统木刻，以现代精神加以观照。那么，这种手工印制的木刻，其价值可能高于利用现代设备大量印刷的版画。这并非复古，反而是超前。

当然，要让西方理解中国木刻，也有一个过程，要多做些介绍，应该出版这方面的外文版专著。我们国家的发扬中华民族文化方面的工作做得太少，西方人愿意了解中国，对中国文化有浓厚兴趣。而有关的外文书籍却是日本、我国台湾地区、香港特别行政区和美国出版的，许多书的质量也很一般。另外，我还建议可考虑举办版画邀请展，这个展览要不同于国外的展览，有我们自己的标准。例如可以是水印木刻或是手印木刻的国际展览，这有利于提升中国版画的地位。

二、关于现代观念

西方人正在反思现代物质文明。西方艺术家也在重新评估现代艺术，他们把目光转向文艺复兴以前和欧洲之外。他们搞现代抽象雕塑，却从东方哲学中找到某种启示；他们仔细测算中世纪或印第安人服装的数据，然后设计出风靡欧洲的新款时装。他们在现代和古典中左右逢源。什么是复古？什么是超前？这个界限从某种角度看似乎变得模糊起来。最现代的思潮是反现代的。某种新意义上的"复古"却反而是超前。若我们盲目模仿西方现代艺术，重复西方艺术史上各个阶段的风格、流派、沿着他们的老路走，那么，我们只能永远落后。

我想，关键在于画家是否有现代观念。现代观念是一个深层的问题，而不是表现在画家在画抽象画或具象画这样一个表象上。

人类从愚昧无知到充满自信，这是一个历史进程。现代人的主要特征是不屈从或盲从某一种自然或社会的势力，他没有奴性，没有愚忠，他是独立的、大写的"人"。

中国的知识分子由于千百年来传统文化心理的积淀，由于极"左"方针的禁锢，缺乏自主意识，养成了根据风向以及领导好恶来作画的习惯。尽管近年来文艺政策是宽松开放的，对画家们的创作并无什么限制，然而我们常常作茧自缚，就像出了笼子的小鸟，一时不能适应自由，常常失去独立的品格。画坛上常会刮起一阵风，千军万马过独木桥。什么风格的画走红就画什么风格的画，讲了这么多年的"百花齐放"往往放不起来，其实是这种心态在作怪。有的画家在气质、经历、文化构成等方面和现代派艺术格格不入，只是因为现代艺术很"吃香"，硬着头皮去"编造""现代画"，这实际上是在违心地画"假画"，把自己降低为他人以及时尚的奴隶。随着商品经济的发展，艺术商品化也是大势所趋，这又使一部分艺术家还未从政治束缚下真正解放出来，又沦为商品的奴隶。这样的奴隶，尽管或许是在画一幅现代画，但其本质却是一种复古，他的精神境界是非现代的。反之，假若一个有现代观念的艺术家，即使用古老的方法，画古老的题材，他作品的深层，仍会透出一种现代的光辉。

国外的艺术家作画时完全旁若无人，他们忠于自己的意念和感受，很少看别人的眼色行事。因而，他们也是忠于观众的，他们没有骗人。正是因为每个画家坚持自己的品格——这是现代人的基本特征和现代观念的体现，他们的画坛真正是百花齐放的。

这正是国内外画家之间巨大的精神差距，也正是我们的木刻、我们的版画要走向世界的一个最为关键的问题。

三、工艺制作的问题

中外版画除了观念上的差距以外，在工艺制作上也有巨大的差距，值得我们认真思考。

虽然一幅画的成功与否，主要决定因素是画家的艺术才能，而不是材料和技术，但也决不能低估了材料与制作技术的作用。

我们的版画到国际上去一比，最刺眼的就是粗糙。有人可能误认为西方现代艺术家不拘小节，兴之所至乱涂一通。其实恰恰相反，他们极其强调制作。一些表面看起来乱七八糟、破破烂烂的现代艺术作品，都是精心策划安排的结果。粗糙来自创作态度不严谨，或许和我国普遍存在的马马虎虎、随随便便、脏乱差的社会风气有关。另外和版画家的"生态"也有关系。我们常常不是有了作品开画展，而是一年"赶"几张"力作"来应付各种画展。这种赶任务赶出来的作品往往缺乏内涵，甚至粗糙。另外，我们的作品主要是以出版物为媒介而得到社会承认的，经缩小印刷而成的出版物往往掩盖了原作的粗糙感，使我们不易意识到这个弊病。

外国版画家作画是为了卖，他必须考虑买主的心理，买画的人一般都希望得到一幅制作精良的作品。因此外国版画家在制作工艺上每一个工序都十分严格，完全遵照国际版画的各项规范。纸上不容许有一个折痕、一个污点。油墨和其他化工原料中容不得半点杂物。他们使用法国出品的高级版画用纸，他们毫无例外地极其重视版画的装裱，因为这些都直接关系到画的价格。我们对待自己的作品往往很随便，并不当成宝贝，放在桌上不用上锁，可以轻易送人，很少有人把一幅版画看得高于一架普通相机。而在国外则恰恰相反，版画家宁可送人一架相机，而不送自己的作品。

这方面的问题，随着我国版画的逐步商品化，肯定会引起版画家的重视。

国外版画越来越讲究工艺制作，向精细的方面极端发展。从这里一方面可以找出我国版画的不足之处；另一方面，我以为国外版画的这种"工艺化""精细化"的倾向又带来了自身的缺陷。过于讲究工艺制作，会有雕虫小技之感，失去了过去的版画大师们如表现主义版画家的那种磅礴气势和大家风度。我们在改进工艺制作的同时，应该注意这个弊病。

以上是自己近年来的一点想法，但愿我们的学术讨论不要得出什么结论，树立什么样板，形成什么倾向。我们仅仅是各抒己见而已，讨论完之后，仍然各人走自己的路。

1988 年 12 月

版画的锐气到哪里去了？
——关于青年版画大展的笔谈

王劼音

近年来我国版画有很大进展，不断有佳作问世，从这次的青年版画大展也可见一斑。这次青年版画大展的评选，力求包容百家，鼓励创造性。然而，评委们面对的送选作品中，"极端"的作品却很少。画家们出于某种考虑，不愿送"极端"的作品以冒风险，也有一部分"极端"作品在地区预选中淘汰，因而本次大展仍然呈现出缺乏反差的现象，这是令人遗憾之处。

我们有一套十分全面的理论：既要创新又要继承传统，既要民族化又要现代感，既要注重社会责任又要作者的自我情感流露，既要在审美上超前又要顾及群众的欣赏水平等等。这套理论无疑是十分正确的。然而，若把这种指导宏观的全面理论去要求每一幅具体的作品，力求每一幅画都要如此全面地兼顾各个方方面面的话，就会出现大量相互类似却又很"全面"的作品：他们不很前卫又不太传统；既写实又有些变形；不是直接宣传政治又有些"思想性"；追求抽象的机理效果又加上些具象的摆件。这样的作品往往"噪音较多，品格不纯，缺乏个性和锐气"。这类完整而又四平八稳的作品较易入选和获奖，而那些在某一方面有独到之处，抓住一点不及其余的"极端"作品——这里说得"极端"，并不是故作惊人之举，而是实实在在有着自己的深刻内涵——则往往被打入冷宫。急于求成的艺术家们便纷纷投入"全面"的怀抱，人人画这种"全面的画"，以致造成整体上的单一和平庸，恰恰背离了这种全面理论的初衷。

"平庸"这个词或许会招人非议，但是艺术家若违心地去屈就某种社会时尚，以博取人们一时的青睐，从而丧失自己的革新，对此冠以一个"庸"字，怕不为过。

除个别艺术大师，一般人是无法超越某种潮流的。中国的潮流更是十分汹涌，今天一阵风来，人人穿军装；明天一阵风刮过去，人人穿西装。前一阵美术潮涌来，于是没有人再画"苏派"画，没有敢写为"苏派"画张目的文章，于是我们的传统写实派作品也日见衰落。接下来很可能又要一阵风刮过去，于是搞新派画的人又要背黑锅。似乎永远容不得"百花"同时齐放。

现代艺术家不应该是一个谨小慎微的见风使舵者，他应该有自己独立的人格和精神，这正是所谓现代观念的根本所在，也正是这一点把现代人和封建时代的人区分开来。为了能和潮流保持一些距离，艺术家必须把自己的某些特点和优势发展到极致的程度，发展到别人无法企及的高度。当这些片面而极端的个别作品集合在一起时，才真正形成了在整体上丰富多彩的百花齐放的局面，达到真正的宏观上的全面。

艺术为人民服务，这是天经地义的。然而人民的欣赏口味是千差万别的。不要以为烧出一个"大杂烩"来，就能使四面八方的人同声称赞，于是每一家饭店都供应这类"杂烩"，以为这便是为人民服务。这实在是大大降低了服务的水平。一件抽象艺术品，或许很多人不懂，不欣赏。但是若有一部分人喜欢，为什么就不能为这部分人——他们也是人民的一部分——烧一些"小锅菜"呢？这不也是为人民服务吗？只有坚持百花齐放，才能更好地为人民服务。

说到个性，常会涉及版画群体问题。群体培养和发掘了人才，比较容易形成一股力量，造成某种声势。当然，这是以牺牲一部分个性为代价的。上海版画一直是非群体化的。因而版画家之间相互影响较少，风格上也多样些。这次大展中的上海版画显示出一种不同的面貌。她并不强大，但比较轻松飘逸，带有较强的现代都市味，或称之为"海派味"。可见群体和非群体，各有利弊，各个地区应该各自走自己的路，完全没有必要得出什么统一的结论，这样，才有可能造成各地区版画创作的差异，以增加宏观上的丰富性。

中国版画有着自己的光荣历史，我们经常为自己的"革命成分"而沾沾自喜，却不大思考如何在现代把这种革命精神真正发扬光大。

想当初，在鲁迅的提倡推动下，新版画锐气十足地闯入中华画坛。政治上十分激进，艺术上大胆吸收西方艺术，大刀阔斧、锋芒毕露，和当时学院中的裸女和静物形成强烈的对比。这位"片面"的版画先生一扫中庸之风，充满生命力，留下了一批传世之作。这些作品，今天看来，或许有些粗糙，或许还不完整，却闪耀着艺术的光辉。解放以后，革命版画的地位发生了变化，无休止的政治运动磨平了版画的棱角，版画和版画家越来越"全面"与平和。版画已从开始的激流变成一条混浊的大河，虽然宽大而全面，却失去了当年的声势和活力。

这次青年版画大展，就水平而言不低于全国美展中的版画部分，这是令人可喜的成就。然而这个画展仍只是这条混浊的大河中的一个部分，并未为这条大河注入多少新鲜的活力，这是很值得思考的。

假如青年都变成熟谙世故的小老头，怕不是件好事，只能说明我们背的包袱已经太沉重了。这也正是版画的危机所在。

原载《美术家通讯》1990年第6期。

奥地利藏书票的启示

王劼音

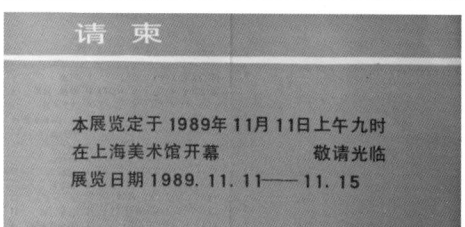

"奥地利藏书票展览"请柬

33位奥地利版画家的317件藏书票静静地挂在上海美术馆的大厅里。这就是上海版画会举办的"奥地利藏书票展览"。

这个展览所选择的版画家有一定的代表性，通过这些作品可以看到奥地利藏书票的一个总的面貌。它们也体现了欧洲藏书票的传统风格。展出的作品大多以黑白为主，间或有些色彩。其中有相当数量的铜版画，这是欧洲版画家所乐于采用的版画种类。这些藏书票在风格和题材上各具特色，除了表现人物、风景、花卉等题材外，另有一大类，以文字组成画面，或辅以一些纹样，有点像我国的印章。这些藏书票在制作上都是十分精良的，没有一件粗制滥造的作品混杂其间。这种严谨的创作态度令人惊叹。

这些奥地利藏书票没有神秘的新技法，没有故弄玄虚的巧妙，没有咄咄逼人的表现。这种表面上的平淡，恰恰是某种高贵品格的极致化。他们追求一种内在的美而非外表的噱头，他们可能失去所谓的"轰动效应"，得到的却是艺术的真谛。

现在有较多的艺术家真正关心的是"轰动效应"而非艺术的真谛。这些艺术家总希望自己的作品能像成功的商品展销会那样获得数以万计、挤得水泄不通的参观者，获得全方位的捧场和欢呼，从而卖出大价钱。为此在艺术上想法走近道，追求哗众取宠的新奇效果，在艺术之外则大搞公关学，罗织关系网，这样的双管齐下，或能收到某种"轰动效应"，然而这种效应往往短暂，如过眼烟云，不太可能在艺术上留下痕迹来。

诚然，艺术品归根结蒂必定是一种商品，艺术家归根结蒂要吃饭。然而，艺术也同样归根结蒂不能是以金钱为目的而存在，为金钱的艺术，必将失去其高贵性。

这些奥地利藏书票的风格、流派、技巧、技术固然可以研究，但给了我很大启迪的却是作品中的某种精神素质，这实在是艺术的灵魂。他们的这种高贵的品格，来自于画家的追求，同时也来自奥地利这块土地。是蓝色的多瑙河，绿色的维也纳森林，古老的城堡，宁静的小教堂，有雕花和彩绘的木屋，花园里众多的纪念性雕塑以及草坪上迈步的鸽子……这一切孕育了这些精美的藏书票。

说起奥地利，人们马上会想到莫扎特、施特劳斯，以及曾在奥地利度过一生中许多重要时期的贝多芬、舒伯特、勃朗姆斯等伟大音乐家。

19世纪末，显赫一时的奥匈帝国没落了，而他们的文化艺术却出现了一次大繁荣。当时的维也纳几乎令人想起古希腊的雅典和文艺复兴时期的佛罗伦萨。在哲学、自然科学、建筑、绘画、音乐、文学、工艺设计等方面都出现了一些有代表性的人物，如：改变了西方社会的认识和思维方式的弗洛依德；现代音乐的奠基人马勒和勋伯格；画家克利姆特、希勒和柯柯希加；最有影响的德语作家施尼茨勒和茨维格；极负盛名的建筑师奥托·瓦格纳和阿道夫·洛斯；哲学和逻辑学大师维特根斯坦……这一大批伟人创造了奥地利博大恢宏的文化背景，我相信是他们给这些藏书票注入了某种高贵的血液。

当人们走入维也纳国家歌剧院这座文艺复兴式的富丽堂皇的建筑，在代表着歌剧中的英雄主义、戏剧、想象、艺术和爱情的五个巨大的青铜雕像下通过，顺着铺着红地毯的白色大理石阶梯走向那有着1642个座位的演出大厅时，将会真正领会到什么是高贵的艺术。

首次来华展出的奥地利藏书票，在这方面给了我们一些有益的启示。感谢奥地利藏书票协会负责人普列姆斯泰勒博士的努力，使我们有机会欣赏到这些美丽的艺术珍品。

藏书票方寸虽小却有着自己的广阔天地。欧洲的藏书票协会并非单纯的版画家组织，而是包括收藏家及爱好者在内的，因此有着较广泛的群众基础。这种协会遍及全欧洲。一个陌生的版画家可以通过藏书票去结识远在他乡的同行和朋友。应该说通过藏书票来普及版画和促进国际文化交流是一条极好的途径。

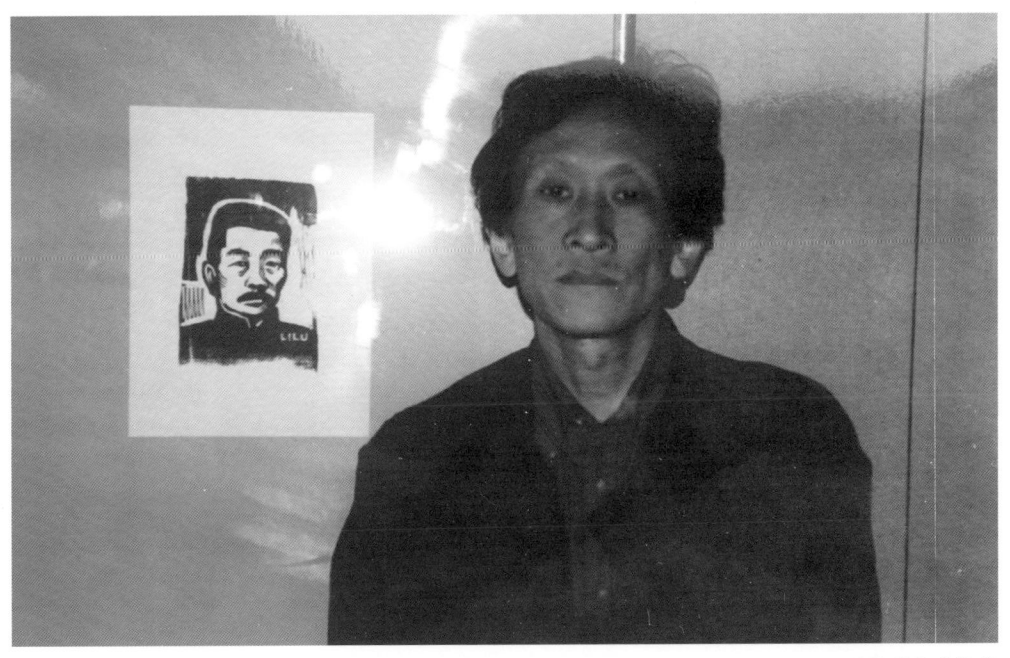

王劼音和鲁迅像

摘自《版画艺术》第33期，1990年11月。

创作随感

王劼音

我在维也纳曾应邀出席了电影《末代皇帝》的首映式，当影片中出现红卫兵跳忠字舞的场面时，全场哗然，坐在洋人中的我真有无地自容之感。每当我们盲从某种潮流时，我常会想起这个镜头。在中国，盲从潮流似乎已经成了一种潮流，艺术上也是如此，千军万马过独木桥，什么风格的画走红就画什么风格的画。人们根据政治风向或商业行情追随着得势的潮流或成功的"样板"。这种心态实际上是中国知识分子几千年传统文化心理的积淀和几十年极"左"思想的混合。

人类在愚昧阶段只能去迷信偶像及圣人，而现代人则应该是不屈从或盲从某种自然或社会的势力，没有奴性和愚忠，能够自由思索的独立的大写的"人"。艺术上的现代观念，其主要特征也在于此。追随潮流是非现代的。

各种各样的艺术潮流，常会使我们徘徊，当我看到一些青年画家的惊人之作时，常会自叹弗如，怀疑自己是否已经落伍，我带着这种疑虑到了欧洲。

欧洲画坛则完全是另一种气氛，人人都自由作画，朝气十足，脑中没有偶像，胸中并无城府。画家们不管别人如何评价，毫无顾忌地画自己想画的画，他们的头脑大概真的比中国人简单得多。我们常被各种非艺术的东西搅昏了头。

维也纳的美术学院和国内完全不同。在国内，学生上课心中很明确，一张作业画多长时间，多少大小，用什么工具，达到什么要求，都由教师规定。而外国的教授则很少指导学生。习惯于在某种框架约束下作画的我，对于这样的自由反倒有一种无所适从之感，面对一张白纸，不知如何落笔，不由自主地去问教授或同学：画什么，如何画。而这个问题在西方人眼中看来则完全是一个"主权问题"，不必听取任何人的意见。不少人问我，在欧洲什么样的画较受欢迎和较易出售，这个问题我也向外国人提出过。回答是：你爱怎样画就怎么画，总有一部分人会成为你的观众。

维也纳造型艺术学院的著名画家洪特瓦萨（Friendensreich Hundertwasser）认为艺术是不能教的，他作为教授的作用只是制造某种气氛，引导学生随心所欲地去创造。他告诫学生画画时不要去想成名成家或奖学金，而是要回到六岁前，像孩子般纯真无邪地去画。

孩子们作画时是真正自由的，原始人在阿尔太米拉洞窟中画野牛是自由的，他们能真正享受到艺术的乐趣而又不必忍受违心之苦。这种自由，并不是上帝的恩赐，而是一种自我肯定。我国画坛呈现一派从未有过的宽松气氛，可悲的是我们常常像出了笼子的鸟，不能适应自由，作茧自缚，用各种框框来约束自己。

要说我在维也纳进修的主要收获，倒并不在于学到了什么西方新技术，而是忽然认识到了自我的价值，知道应该如何挺直腰杆自由地而不是依照他人意志去作画。正如海涅所说："每一个人物在他的地位上都是主角。"

今年1月有幸得到上海市文化局艺术创作中心的支持，在上海美术家画廊举办个展。我不知道人们如何评价这些画，但我奉献给大家的是一些反映真情实感的画。我画这些画时心中很坦然，没有什么思想负担，只是用自己偏爱的技巧和技术来表达自己的内心感受而已。我竭力使自己思想单纯，把画画想得和一个老农在耕田一样的自然和平凡，画画并不是什么了不起的伟业，画画也不应该是追逐功名利禄的手段。诚然，画家也希望自己的艺术劳动能为社会承认，并获得经济效益，但不能以牺牲艺术来换取这一切。我宁可放弃一些物质利益来换取创作的自由和快乐。

还有一种可怕的"创作观"束缚了许多人，这种观点把创作和习作截然分开，似乎随手画来，逸笔草草就不是创作，只是习作。一提到创作，就变成一件有关国计民生的头等大事，非要表现所谓重大题材，或者至少有"思想内容"，再要加上主题性、情节性、人物塑造等一套规范，企求一幅画的容量超过电影或长篇小说，这就是力作，否则便是没有"分量"。我们需要这样的力作，但是请别否认，八大山人画的一只怪鸟，也有他深刻的思想内容，也是力作，在艺术史上的地位未必低于《开国大典》。

我个人倾向于把艺术看得平淡一些。有时自以为伟大，踌躇满志，似乎要画出不朽之作，结果弄得心事重重，反而一败涂地。这种思想也影响了我的审美观，我不大喜欢雍容华贵的牡丹，宁可欣赏路边小草。北宋诗人梅尧臣说："作诗无古今，欲造平淡难。"平淡之类，是一种极高的艺术境界，决非唾手可得之物。这种清新平易、质朴自然的核心，还是在一个"真"字，即作者的真情实感。

树木横断面上的年轮，记载了树的经历，一幅画就是画家其人的横断面，画家的气质、经历、人生哲学等等都会在画中反映出来。由于人们在这些方面各不相同，因而所作的画也各异，假若我们的画居然雷同，这反而是一种反常。画家应该刻意发展自己的特质，画家的个人风格，并不是从天而降的，也不能从什么地方简单地移植过来，而是植根于每个人所固有的特质之中。

近年来版画家们作了许多探索，创造出不少新的版画制作方法，大大丰富了版画的语言。不少人对我所用的胶印纸版技法很感兴趣。这种技法来自于过去的脱胶独幅画，我只是把这种原理引进到版画中去。这种方法能造成意想不到的肌理效果。画画不能太"科学"，不能事先完全计算好最后的效果，再一步步制作出来。胶印版画却能给版画家较多的随意性，从而使枯燥的印刷也变得其乐无穷。

技法和技术毕竟是第二位的事。"不管白猫、黑猫，抓到老鼠就是好猫"，只要能称心如意地表达出自己的内心感受就好。版画家如果搞出一些"非版画"来，也不是什么大逆不道的事。相反，从其他画种吸取营养，反而能启发我们破除习惯思

为"G20 二十国集团领导人杭州峰会"主会场绘制《江南人家》

维。现代科学证明：新的重大突破往往在学科的边缘处取得。爱因斯坦的相对论就是哲学和物理学的结合，以至当时有的科学家认为相对论是哲学而不是物理学。当然，不同门类艺术之间的"杂交"不是简单的数量叠加，而是质的突变，是几何级数，是潜能的爆发。

　　社会在发展，人也在发展。画家们好不容易找到适合的艺术语言，但往往是事过境迁，好景不长，对现状又不满足起来，又得开始新的寻找、新的追求。这是一个永无止境的过程。

摘自《版画艺术》第 30 期，1990 年 2 月。

获奖偶感

王劼音

我在 1994 年 11 月举行的全国版画展中获金奖的《林中小屋》，虽然没有描绘上海的风土人情，却是一幅上海气很浓的作品，这种上海气来源于我作为上海人的创作心态。

我渐渐发现上海画家似乎有一种和外地画家不同的习性和心态。上海人画画轻松、潇洒。上海人也想得奖，但他们较少抱着志在必得的宏愿，所以并不花去半年或一年的时间，有计划有步骤地呕心沥血地弄出一幅宏伟的巨作来。因而上海的作品往往便没有"分量"，没有"力作感"。这种轻松潇洒的作品若名落孙山，上海人并不太耿耿于怀，而是处之泰然，继续轻松潇洒。

上海画家又较少权威意识，并不特别崇拜某一位大师或大评论家，不会围绕在他们周围呈众星拱月之状，很容易被权威们误认为上海人骄傲自大。

上海画家没有中心，一盘散沙，一般来说每人都有独立的人格。这种状况，我以为是很现代很都市的。然而这种状态又使上海画家很难抱成一团来制造集群式的轰动效应。上海人和画便又有些默默无闻。人们或许知道张三和李四，却不太清楚上海美术的总体水准。

上海画家的这些习性确实带来很多问题，至少很多专家权威对上海画家和作品是有几分隔膜的。从他们的尺度来衡量，对上海人的习性、心态乃至上海画家轻松飘逸的作品很有一些不屑一顾。

《林中小屋》 木版画 42cm×60cm 1992年

于是有些上海人也跃跃欲试，想学一学外地同行成功的经验，但结果往往不尽人意，所谓江山易改本性难移是也。这似乎并不局限于美术，我看上海的影视也是如此，拍一点纪录片，《毛毛告状》《最后的三轮车》之类，信手拈来，寥寥几笔，十分传神。待到筹得巨资，立下宏愿，要拍一部从三十年代直到改革开放，横跨欧亚的历史巨片时，其结果常常是十分可悲的。

我想上海人很难学外地人，外地人也学不象上海人，各人头上一片天，其实很好。

当然，我这里所谓的上海人和外地人，仅是一种泛指。上海人中有肯下工夫磨一幅画的异人，外地人中也不乏"好逸恶劳"之徒。

上海人的不少习性也确实会给上海的画作带来负面影响，诸如容易流于轻飘、甜俗、靠小聪明过日子，缺乏阳刚之气等等，这是上海人应该引以为戒的。

然而，上海人大可不必自渐形秽。上海人的轻松潇洒其实是很接近艺术的本义的。原始人在洞窟中画野牛，儿童在地上涂鸦，他们只是通过画画来宣泄自己的情感。画画是他们内心世界的外化。我以为这便是艺术，待到艺术可以邀宠于宫廷，流通于市场之后，不少艺术家不是根据内心的需要而是根据外面的行情作画。他们戴上了枷锁，画得很累。

比如现在画坛流行精雕细刻之风，一股匠气扑面而来。一幅"成功"之作，除题材内容之外，一要大，二要复杂。构图复杂，造型复杂，色彩复杂，最主要的是要有别人看了大吃一惊的耐心和功夫。我决不否定确实有许多精雕细刻然而大气磅礴的佳作，我佩服这些画家和作品。但是大部分上海人没有这种胃口，他们宁愿名落孙山也不愿意做这等苦功。上海人"好逸恶劳"——其实上海人也下苦功夫，但不是下在这种地方。

我刻作版画贪图轻快。版画繁复的制作过程令我望而生畏——虽然通过这种制作会产生其他画种达不到的美妙效果。我真的要承认我是有些"好逸恶劳"的。

《林中小屋》是我多年来学习研究中国古代线描木刻以及民间剪纸等民间艺术和文人画的产物，大约两年间才作成了七八幅作品。我赞叹古人木刻之伟大，但又很难简单地"引进"创作中，我不去做那种廉价的所谓"民族化"的事情——在画面中加些彩陶或青铜纹样等等，这样的"民族化"简直是顷刻便成的事。我想追求一种比较深层的东西，这很不容易，也走了不少弯路，费了不少心思。至于具体刻印这幅画，大约不过两三天。当时并未想到要参展，更不敢奢望获奖。我只是在一种尝试新的艺术语言的创造冲动中一气呵成。

这样的一幅小画，仅黑白二色，画面也不复杂，又没有不可告人的特技，在时下的潮流中能获奖是我始料不及的。

然而，我又想，这幅画的获奖或许也包含着某种必然性：在当前流行繁复中对简约的一种肯定；流行矫饰中对朴素的一种肯定；流行制作中对随意的一种肯定。如是，这幅画的获奖竟还有一些深意，可以留给人们一些启迪。

摘自《上海美术通讯》第50期，1995年6月。

参加亚利桑那"上海水墨"展后感言

王劼音

参加亚利桑那"上海水墨"画展的作品,个体之间风格面貌区别很大,其共同性则是均有很强的民族精神,洋人把中国绘画的民族精神归结为水墨情结,因而展览取名"上海水墨"。

许多中国人以为西方的科技先进,文化自然发达,艺术便一定是高峰,于是纷纷出洋朝拜,从世纪初的徐悲鸿、刘海粟、林风眠等衮衮诸公直到我们这一代人,包括我们这一群人中如陈家泠、仇德树等,都曾出国考察。奇怪的是这些人经过一番考察和朝拜之后并没有被欧化,反而是更彻底地汉化了,其中也有不少学油画的到最后连油画的工具也扔掉,一头栽入水墨情结之中,这实在是值得想一想的。

本人也曾经历过这样的一次"潜移默化"。我过去搞过一些很欧化的作品。其实我在创作作品时倒也并没有将外国的作品当作范本放在旁边揣摩之,只是心底里十分"崇洋媚外"。过去只是通过画册来认识西方艺术,等到国门打开,便迫不及待地想近距离地去看一看西方绘画。我到欧洲之后,不少洋人,包括我的指导教授都奇怪地问我:"你到这里来学什么?"他们认为西方艺术已经走入穷途末路,而在中国却有一片未被污染的艺术乐土,这种观点自然有很大的片面性,这和他们对现代物质文明畸型发展所带来的负面影响的深深忧虑有关。这种忧虑是处在初级阶段的国人所难以理解的。然而,西方人把眼光转向欧美以外的民族却是事实,从众所周知的印象派吸收日本浮世绘,高更出走塔希提岛,莫地格利尼和毕加索之吸收非洲艺术均是例证。当代不少西方人正在潜心研究中国哲学宗教、中医中药、气功太极直到中国的文化艺术。我在国外常被这些人的几个普通的有关中国的问题所问倒,深感自己中国文化根底之浅薄。和这些洋人在一起,我才明白对祖先的文化传统妄自菲薄是毫无道理的。出了国门,和中国的传统文化产生了一个空间距离之后,才真正认识到中国文化之伟大。于是当初的迫不及待出国,变成匆匆回国学习传统文化。

西方人既关注东方文化也不忽视他们自己的传统文化。对于一切古物都视为珍宝,细心加以保护,他们的这种心志并不是遗老遗少的保守思潮,而恰恰是西方文明高度发展的产物,是和后工业社会共生的思潮。"上海水墨"的这一群人津津乐道儒家道家文化,研究气功、太极、禅宗,其立足点也在于此。他们并非钻进故纸堆里的前朝遗老,相反,他们的作品注定地带有后工业的印记。

我大谈民族传统,然而却怀疑"民族化"的提法。过去有所谓"油画民族化"的讨论,其实并无多少意义。你是中国人,你的画中应该有与生俱来的中国味,根本无须去"化"的。毕加索从未提出过"油画西班牙化"或是"法国化"的口号,然而他的画中却有着明显的西班牙血统。这是一种渗透在画家作品深处的东西,而不是故意"化"出来的。表面的"民族化"做起来十分方便,在画中加上些象形文字

参加"水墨缘"创作活动

或彩陶纹样等等，在这方面我们有取之不尽的"资料"。这种顷刻便成的"民族化"或能带来各种名利，然而在艺术上似乎没有什么价值。当然，并不是画面中不可以出现有民族特色的符号。然而，符号本身是古人某种精神的结晶，比符号更本质的却是精神。

有些人喜欢全盘西化，他们的作品没有中国味，因为他们认为中国味比西洋味低一等，他们自惭形秽，执意掩盖自己的本性。人各有志，对此倒也不必大加挞伐，硬要他们"化"过来。

另有些人却热衷于大搞"民族化"来迎合西方人的某种口味，我想，这种迎合他人的媚俗倾向，是丧失自我独立人格的非现代思潮，属于前朝遗老范畴。

亚利桑那的"上海水墨"是一种"泛水墨"，旨在提倡一种水墨精神，以至于我和卢治平君的版画也混迹其间。在画种意义上的模糊和宽泛，或也是一种海派色彩。上海人比较散淡，难以严格地规矩束缚之。一盘散沙的上海人喜欢作客厅沙龙式的聚合，却决不会搞成义和团、哥老会式的群体。

这些散淡超逸的上海人，顺着自己的轨迹，是会做出一些和别人不同的事和作品来的。

摘自《书与画》1996年第4期。

寻找上海

王劼音

地球上的人日趋相似。穿西装，吃汉堡包，喝可乐。一个国家，一个民族，一个地区乃至一个人的个性正在被瓦解。这或许也是人们为现代文明所付出的代价。

谢天谢地，到目前为止，各地人们的审美口味还是不同的。比如美术方面，一些在北京获奖的画，上海人却并不以为然。反过来，也有不少上海人以为很好的作品和画家，却在上海之外受到冷遇。我想，这大约真实地反映了审美趣味上的"地区差别"。

一方水土养一方人，这便是不同地区的人产生不同审美趣味的原因。上海这个地方有着不同于别处的"地气"。即使是近在咫尺的苏州，其气场便不一样。只要看看那些法国梧桐，在留有刘海粟、林风眠、吴大羽等画坛前辈足迹的大街、小巷、弄堂里走走，就会感觉到上海。这里弥漫着一种气息，这种气息养育着上海的画家，尽管他们之中只有极少数是真正的上海人。

2001年，在江西婺源汪口

上海画家的审美趣味、艺术观点和他们的生活习性其实是一个整体。从生活习性上来说，上海画家较为散淡，不大讲哥儿们义气，奉行君子之交淡如水，喜作客厅沙龙式的聚合，不大会搞成义和团、哥老会式的群体。于是上海画家及其作品便很难形成"规模效应"和"拳头产品"。这也是怨不得别人的事。

上海画家又有较强的个性，不很崇拜权威。没有什么人能在上海画家中充大爷。偶然来了一位大爷，上海人并不和他较劲，而是淡然置之，侧目而视，弄得这位大爷也没了味道。因而上海画坛上没有叱咤风云的领袖人物。

从整体而言，上海画家"好逸恶劳"，"喜新厌旧"，他们讲究作画的灵气，"逸笔草草"，较少靠下死功夫去取胜；他们追求一切新鲜的事物而较少传统的包袱。个性上的独立，思维上的活跃，创作形式上的轻松超逸，组织方式上的松散，这一切均源出于上海这样一个都市。这种先天性的特质，很接近艺术的本质，因而完全没有必要加以改变也是无法改变的。

由于主流文化的强势存在，这种存在是以漠视非主流文化为标志的。由于上海没有一本美术理论的刊物和自己的发言人；由于大部分上海画家不善言辞，即使是少数能言之士，一到讲普通话的公开场合也会张口结舌，因而对于上海美术外界不甚了解甚至抱有偏见，久而久之，上海人自己也开始怀疑自己，总是在等待外来的评判，而失去了用自己的眼光审视艺坛的能力。

当然，上海美术也有着种种弱点，诸如容易流于轻飘、靠小聪明过日子、赶时髦、缺乏深度等等，应该引以为戒并努力克服之。然而上海画家若为了获得某种承认，而企图照搬外地画家成功的经验，怕是不足取的。

一个有着相当文化底蕴的都市，这个都市的艺术家是不会长久失落自己的文化身份的。

我以为"上海百家艺术精品展"更象一个超级的艺术沙龙,她的意义并不在于去争全国的数一或数二,而在于确立自己的一个方位,从而为全国的画坛增加一些不同的色彩。

百家精品展之后的上海画家,恐怕仍然还是一盘散沙,无中心,各行其是,超逸散淡。这样的一群人,顺着自己的轨迹,是会做出一些和别人不同,但很有水准的事和作品来的。

原载《新民晚报》1998年4月22日。

莫高窟随笔

王劼音

不少去过敦煌的人告诉我，现在的敦煌，参观的人太多，能看的洞窟又太少，光线暗淡很难看清画面，还不如看一本印刷精良的画册。这次亲临其境，发现此言有一定道理。然而，我的收获仍然很大。因为，现场有一种气场。任何精美的画册都无法传递这种气息之一二。

中国画坛中关于"气"的理论，越来越显出其重要性。对于艺术来说，画什么，如何画都是浅层的东西。真正重要的是看有没有"气"。有些画，技术一流却没有气，便没有生命，空有躯壳而无灵魂。气，实际上是画的某种精神性的东西，至关重要。不少人不知道这一点，以模仿对象至惟妙惟肖为第一目标，看似在搞艺术，但没有弄懂"醉翁之意不在酒"的道理，他们的艺术便变成"技术"了。

敦煌艺术的气场又是如何形成的呢？

首先，敦煌展示给我们的不是一个雕塑或一幅壁画，而是一种整体气氛，这是空间艺术。古代的艺术家着力营造一个神秘而带有极强威慑力的空间，造成一种气场，人步入其间便被震住。无论是中国的寺庙还是欧洲的教堂，为了增加宗教的感化作用，都十分重视气场的作用，以显示偶像的伟大和人的渺小。越是古老的宗教建筑，气场越强；相反，我到过新加坡等地新建的佛教寺庙中，这种气息便荡然无存了。

造成强大气场的另一个原因是改变了观众的阅读方式。走进洞窟，洞口曳进的光线十分暗淡，人们只能借助一点手电的微光来看壁画和雕塑。这种阅读方式本身带有很强的神秘色彩，制造了一种间隔效果，使人们无法一览无余，因而充满悬念，置观众于一种特别的氛围中。设想如果洞窟中配上明亮的光照，其气场即刻被破坏，敦煌艺术之魅力也将大大减弱。

以间隔手段来改变阅读方式增加气场之张力的一个范例是建造于唐开元年间（713—714）的第130窟，窟中的倚坐弥勒佛高26米，被称为"南大像"，仅头部就高达7米。形体之庞大，气势之宏伟，作为室内雕塑举世罕见。人们和这尊大佛"见面"的方式很奇特。我们先远远看见一个洞，洞中显现出一个巨大的抽象雕刻作品，上面有几根极概括的线条。慢慢走进洞口，才看出刚才所见的抽象雕刻其实是大佛的某个局部。等到人们走进洞中看清大佛全部时，人和大佛的距离已经很近，人只能仰视大佛，高大雄伟，泰山压顶。大佛的塑造者不让善男信女一眼看清这个大佛，最后又把人逼入一个特殊的角度，处于大佛的威慑之下，至此，其强大气场的效应已发展到艺术欣赏的顶峰。

敦煌艺术这种古老的（然而却又是全新的）阅读方式令我震惊，这一切太值得传统的架上画家深思了。

前面提到的是空间间隔效应。莫高窟中的强大气场形成的另一个原因是时间间隔。敦煌艺术是天人合一的结果。年代久远的物品会发出一种历史的光泽，在这漫长的时间流逝中，大自然参与了创作，画面的剥落、霉变损坏也是一种间隔。早年我曾看过敦煌壁画的复原临摹品，回复到壁画刚完成时的样子，这是有关专家苦心研究的成果，肯定有很高的价值。然而，这些临摹品的气已经散掉，只能说是气数已尽，魅力全无。

时间间隔的效应是历史所使然，并不是敦煌画工们的功劳。今人作画自不必去故意做旧，造假古董，但我们至少可从中得到两点启示：其一是优秀的艺术品必定是洗尽浮华，炉火纯青；其二是艺术家应该始终注视那看不见摸不着的自然之力，顺其自然、师法自然、崇敬自然、追求天趣，"和上帝合作"（陈家泠语），其作品才会有生命力，有气场。大师作画如有神助，道理即在于此。

参观莫高窟只有区区几小时，时间虽短，从这个中国古代优秀艺术宝库中得到的启示却是久远的。那落日余晖下闪烁金光的山崖及其洞窟，将长驻在我心中。

原载《小说界》2003年第3期。

甲方乙方

王劼音

大到一幢高楼，小到一个会标设计，都是作为委托方的甲方和作为设计方的乙方相互磨合的结果。

"911"被炸掉的两幢楼，造型十分简练单纯，曾经屹立在曼哈顿众多各式建筑物之上，显现出一种君临天下的王者之气。这令我想起有一次在新疆，大家正在赞叹群山的雄伟时，忽然在群山之上、云雾之中，出现终年积雪、虚无缥缈的公格尔九别峰，没有树木花草，没有古寺荒亭。一片冰雪，空无一物，然而却伟大。

曼哈顿的世贸大厦，若是在中国，倘是洋人所设计，或有被甲方通过的可能（如今甲方都崇洋），但如果是中国人所设计，估计便会遭到质疑：这么俩个简单的立方柱子，谁不会画？要你建筑师有何用？你的设计体现在哪里？于是不少原来不错的建筑物都要戴上一顶花头经十足的帽子，或呈白玉兰状，或作电饭锅式，以表示有"设计"和"手笔"。写到这里，联想到前不久，读到毛时安先生一篇文章，批评现在的书籍装帧设计也是花头太透。

再举一例：欧洲名城蒙特卡罗火车站的内墙竟是水泥毛坯，连涂料都没有滚过，模板痕迹历历在目。想必不会是因为这个世界赌城的市政府手头拮据，依我看，却是设计师的大手笔。因为自然、简单的毛坯水泥墙面和精巧的建筑构架及其他设施形成奇妙对比。这种素面朝天的大气，令人叫绝。

新出现的、科技含量高的名贵材料，无疑可以提升建筑的品位，如何用好高档材料，是一门学问。同样，如何利用低档的原始材料，也可看出建筑师或设计师的水平来。

试看现在的新建筑，无不堆金砌银，到处是光可鉴人的进口大理石，没有人敢用水泥毛坯，这是因甲方的喜爱所致。他们误以为材料越贵，便越有档次，越能显示自己的地位。这真是一个刚刚脱贫致富、乐于摆阔的时代。当然，这种奢华风气或许还有别的原因，大用高档材料，纳税人埋单，自己拿回扣，也是实有其事的。这是另一个议题，不在本文的范围之内。

当我们看到街头一幢堆砌各种名贵材料但不伦不类的建筑物或看到经过层层筛选好不容易定下来的一个难看的会标，请不要埋怨我们的设计专家。中国有一流的设计专家，他们不比任何洋人逊色，可惜一流的乙方常常可能遭遇末流的甲方。甲方不懂艺术，这没有太大关系，虚心听听专家的意见便是，就怕不懂装懂，盛气凌人的甲方。我因此从不参与任何涉及甲方、乙方的项目，我既没有辩才，又没有能耐，只能关门画自己的画了。

甲方和乙方之间的这场战争，是一场不对称的战争，甲方有钱有势，乙方却只有艺术良心，因而战争的结局可想而知。这便是我们常能看到许多造成视觉污染的设计产品的原因。

在这里,我并不是要有意偏袒乙方,乙方常常为了经济利益而不惜牺牲艺术原则来取悦甲方。此外,更有些乙方其实是滥竽充数,在那里蒙甲方混饭吃。

当然,我也没有嘲笑甲方不懂艺术的意思,因为艺术欣赏水平并非与生俱来。这是一门需要后天学习的功课。社会上的"美盲"大大多于文盲。即使许多高级知识分子,往往在美术领域里也会"不识好歹"。我由此感到几分沉重,看来美术家不能只关门画自己的画。美术家对社会负有责无旁贷的责任,应该为提高整个社会的审美水平,做些力所能及的事情,使纳税人的钱不至于太多地浪费在制造劣质艺术设计产品上,只有这样,我们的城市才会更美好。

在"水墨缘"展览现场

原载《新民晚报》2004 年 8 月 10 日。

半岛版画

王劼音

"半岛花园"是一个住宅小区。高档住宅小区总使人联想起豪华会所、游泳池、网球场、欧式庭院或雕塑等，决不会牵涉到版画。

版画在中国主要是木刻，而解放前的木刻是"普罗艺术"——穷人的艺术，一向和花园洋房没有什么联系。大部分有产者先天性地对普罗出身的版画没有什么好感，一般而言，有产者最喜欢欧洲罗可可艺术，其中年轻或思想新式一点也能接受印象派甚至抽象画，但版画决不在他们的视野中。

现在半岛的花园洋房之中居然出现了"版画先生"。"版画艺术中心"已在"半岛花园"内成立，并成功运作了一年有余，上海版画家叫了几十年没能办成的事变成了现实，这实在是改革开放以后的奇异现象。

从"半岛"和"版画"的联姻，可以观测到版画的某些新的走向。

解放前的版画，服从于当时急风暴雨式的革命需要，鲁迅先生称版画为"匕首和投枪"。客厅里挂版画的主人或学校里搞版画的学生，都会被国民党打入另册。几十年过去，版画正在从"匕首和投枪"转向"美酒和鲜花"。"半岛版画中心"并非商业机构，也没有花力气去推销版画，然后"半岛"的铜版画却确实进入了花园洋房的客厅之中，洋房和版画开始有了联系。

解放以后，版画有了很大的发展，从单一的木刻走向多元，在各个美术院校或专业单位内开设三版（铜版、石版、网版）工作室，涌现出一批优秀的版画家和三版作品。

但是，存活于美院或专业单位中的版画，处于封闭运作状态，和外面的活水并不相通，久而久之，有点类似于一个呈富营养化状态的湖泊。这样的"经院版画"似乎非常"学术"，但并不"生动"。不但和老百姓没有什么联系，而且和美术家也没有什么联系。我可以断言，国内至少一半以上的美术家不明白版画是怎么一回事情，因此也从未想过涉足版画。在国外，版画是任何艺术家都可以利用的一种艺术手段，并非版画家的专利，从丢勒、伦勃朗到安迪沃霍尔、劳森伯格，许多艺术大师都乐于运用版画这一艺术样式。

这既不是中国的版画家拒绝外人进入他的领地，也不是中国的美术家懒得进入新的领域。影响中国版画发展的一个非常简单的原因，就是缺少版画工作室。在国外，专业的、私人的、公共的版画工作室非常普及，如被梵高画过像的加歇医生，他就拥有自己的版画工作室。

我国的版画工作室处在高楼深院之中，和非版画人士有围墙相隔，何况这样的工作室也少之又少。例如上海这样的现代大都市，作为中国新兴木刻运动的发源地，直到2001年上大美院开设版画专业之前，没有一个版画工作室。上海的版画家，只能在亭子间里刻木刻，没有接触三版的条件，外地三版专业的优秀毕业生，到了

在画室中创作

上海也只好改行。版画家尚且如此，遑论非版画专业的美术家或普通百姓。

半岛版画中心建立后，为非版画专业的美术人士提供了接触版画的机会，其中有些画家就此对版画入迷，乐而忘返。尽管这仅仅是开始，却是中国版画发展过程中一个值得关注的走向。

随着经济的发展，生活水平的提高，人们开始不用整日为谋生而奔波，有了更多闲暇的时间。而现代社会的物质化、功利化以及高度竞争，又使人身心疲乏，人们祈求回归自然，寻找自己的精神家园，于是便把目光转向可以慰籍人类心灵的艺术。

长期以来，精神生产主要由一部分人专职进行，老百姓被排斥在精神生产之外。随着社会的发展，这种情况将会出现变化，人们认知的才能、抒情的才能、审美的才能不再受到压抑，每个人都有权自由而全面地发展，民众将会从艺术的被动受体，转向主动参与艺术，这是艺术发展的大趋势。

半岛版画中心为顺应这一趋势，对普通百姓开放，举办各种形式的版画学习班，吸引人们投入版画的实践。版画充满魅力，版画的制作过程也是引人入胜的，讲得直白一些，版画非常好玩。一幅普通的速写或草图，经过版画制作的"技术转换"会产生神奇的效果。这种"版画好玩"论可能引起异议，认为这是对神圣版画艺术的亵渎。其实不然。著名数学家陈省身教授有一次为中国一个数学论坛题词曰："数学好玩。"许多科学发明最初源于好奇心和好玩，艺术也是如此。"玩"能开发人们创造的潜能，当然科学和艺术又都是严肃的事情，离不开深刻的思想和艰巨的劳动。

好玩的版画会吸引众多的爱好者，我们的版画创作队伍也会慢慢壮大，版画将有可能走出一个狭窄的封闭的区域，健康地向前发展。

"半岛"和版画的联姻，是一次全新的尝试，似乎带有一定的偶然性，其实却是中国发展到今天，天时地利人和的某种必然，半岛版画中心将随着版画艺术的发展而留下自己的足迹。

原载《上海美术》2004年第1期。

关于"意象"油画

王劼音

我是一个游走在版画和油画之间、具象与抽象之间的散客。油画界的同仁对我这样一个自由散漫的人以及不太正宗的油画作品非常关照,相当宽容。这次又被邀请参加江浙沪三地"意象"油画展,深感荣幸。平时并不在意属于什么画种或画派,只顾自己画得高兴。这回进入"意象",不由得不想一想。

何谓"意象"?

若用西洋的方法,则非要把"意象"二字从概念上弄得明明白白,追根溯源进行考据,以求出一个非常具体、可操作性很强的刚性标准。人们一厢情愿地以为用这样的一个标准去套,一幅画属于或不属于"意象"便可一目了然了。然而这种科学的念想却极有可能被虚无缥缈、变幻不定的艺术所击碎。

《海上花开》上海世博会贵宾厅收藏

西方人和中国人的思维方式实在很不相同。例如烹饪,西方人烧菜根据菜谱。菜谱上写得很明白,如食盐要0.1毫克,煮13分钟等,照章办事即可。中国人烧菜讲感觉,食盐放少许,煮片刻,令烧中国菜的老外面面相觑,不知所措。

西方思维对于推动科技的发展,起了巨大的作用,近代以来所有新发明均来自西方即是铁证。然而,这种思维方式用到艺术上,有时未必完全贴切,即使是上面提到的烹饪,只要不是麦当劳式按统一配方制作的食品,任何烹饪大师,都有自己的个性和风格,而且这个风格在不断变异之中,决非一个公式所能锁定。

中国的"意象"就是一个比较玄妙、说不清道不明只可意会的概念,无法用西方的公式来规定之。

一般而言,人们会将一幅不太写实却又非抽象,尚可看出形象的画,简单归入"意象"一路。这样一来,西方古典派以后所有稀奇古怪的非抽象绘画岂非均可归入"意象",这显然是不妥的。

我以为"意象"并不是夹在"具象"和"抽象"之间的一个专用名词。"意象"是别一个序列,属于中国的系统。"意象"是中国人与生俱来的和西方人不同的思维方式在绘画领域内的延伸。

比如一个月亮,西方人要加以彻底研究,力求解开有关月亮的所有谜团,月亮不再有神秘感。这个月亮在中国却会演化出嫦娥、吴刚、玉兔和金杵的美丽神话。

再比如中国画家似乎在画竹子,其实它并不是要告诉人们竹子是一种什么样子的植物,也不仅仅是要人们领悟竹子之美,他是在借物抒情,说不定在隐喻高风亮节,"醉翁之意不在酒"。西方人则比较直接,看见美丽的月夜,如实描绘下来,人们看了会感叹:"啊!月夜真美!"这幅月夜的画一定很有意境,却未必是"意象"。

当然今日的中国或西方都已发生很大的变化。我发现不少国画家抛弃"意象",热衷于在宣纸上制造西洋古典油画栩栩如生的美妙效果,以为是一种"创新"。而不

在画室中创作

少西方画家似乎受了齐白石老夫子"似与不似"的影响,丢掉了他们深厚的古典写实传统,徘徊在具象和抽象之间。然而,他们终究进入不了"意象"之境,因为"意象"和中国人特有的气质、人生理念和思维方式有关。

这次"意象"油画展中有汪诚一先生的作品。他是正宗苏派油画出身,却"意味"十足。去年参加"在江南"写生活动,得以和汪诚一先生近距离接触。汪老那平静淡然超凡脱俗的气质,令我肃然。汪老身上那些中国老一辈知识分子特有的品质,正是"意象"的根源。反观那些急于求成、幻想一夜成名、张牙舞爪拳打脚踢的画家,或许可以进入西方的野兽派或抽象表现主义,却决难进入中国的"意象"。

现今的中国人和西洋人已经越来越相近,一个上海少年的衣食住行和一个纽约或巴黎的少年已无多大差别。但是中国人骨子里的基因和气质怕是不会被磨灭的。在全球化态势下,人们反而会产生某种寻根意识,追寻自己的民族文化身份。

因此,有这么一些或者曾经很洋派的画家关注"意象"便不再奇怪。这是在全球化背景下所产生的一种自然现象。

一群画家对中国文化产生一些再认识的兴趣,他们看了一些书,画了一些画,做了一些展览,如此而已。"意象"油画不会轰轰烈烈,形成潮流。她只是自然流淌的溪水,轻松潇洒,一路远去。

原载《中国油画》2005 年第 4 期。

上海优秀青年版画家作品展前言

王劼音

承徐汇艺术馆厚爱，委我策划一个青年版画展，入选的版画家和同龄的国画家、油画家相比，在上海的名气要小得多，基本上可归入默默无闻一类。这可能和版画的地位有关。版画因了革命年代的功绩，虽被归入"国油版雕"的光荣主流队伍，其实是比较边缘的。

版画圈也很热闹，却始终热闹在圈内。外面人不知道这些所谓的版画家在想些什么事情，做些什么勾当。现在的社会又是以金钱论英雄的年代，谁有钱谁就牛，就是大腕，就是大师。版画家大都相对穷一些，自然便比较的没有话语权，只有靠边的份。然而略有些边缘也有好处，不至于被潮流裹胁得昏了头。

版画青年优秀者甚多，我之所以选了这十二位，不可避免地带有自己的偏好。我看画家及其作品，常以一条标准衡量之，看他是否掌握"艺术密码"。何谓"艺术密码"？说不清，道不明。美术学院不设教"艺术密码"的课程，因为无人能教这门课，也没有教材，更不可能靠上些课来快速掌握之，要掌握这个"密码"，得靠自己的灵性去悟。积多年之观察，我发现许多搞美术的人，甚至某些声名显赫、位高权重的画家，都不识"艺术密码"，无法进入神秘的"艺术王国"。这次参展的青年版画家，他们的作品尚有诸多缺点，然而他们却识得"艺术密码"，将来的事便比较好办。

当然，他们还须继续努力，画图这碗饭并不好吃，画图的人太多。上帝见有这么多人迷恋画图而不干实事，甚为恼火，想方设法进行宏观调控。当某位画家沾沾自喜，自以为伟大的时候，他已经不期而然地上了上帝下一轮淘汰多余画家的黑名单。

最后，感谢徐汇艺术馆对版画的关注，对青年的支持。在以经济利益为重要驱动力的社会整体气氛中，他们义无返顾地专致于文化事业，越显难能可贵。对于这种精神谨表示深深的敬意。

2007年3月30日

感受时间 感悟时代
——2007 上海版画邀请展前言

王劼音

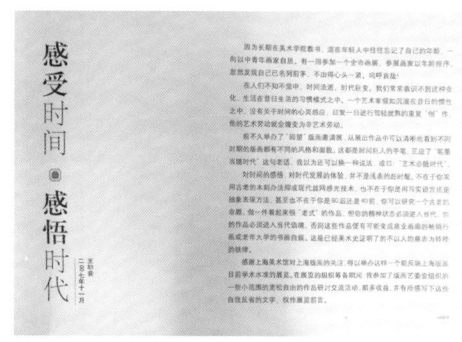

2007 上海版画邀请展图录

2007 上海版画邀请展图录

因为长期在美术学院教书，混在年轻人中往往忘记了自己的年龄，一向以中青年画家自居。有一回参加一个全市画展，参展画家以年龄排序，忽然发现自己已名列前茅，不由得心头一紧。呜乎哀哉！

在人们不知不觉中，时间流逝，时代巨变。我们常常意识不到这种变化，生活在昔日的习惯模式之中。一个艺术家假如沉湎在昔日的惯性之中，没有关于时间的心灵感应，日复一日进行驾轻就熟的重复"创作"，他的艺术劳动就会嬗变为非艺术劳动。

前不久举办了"回望"版画邀请展，从展出的作品中可以清晰地看到不同时期的版画都有不同的风格和面貌，这都是时间巨人的手笔，正应了"笔墨当随时代"这句老话，我以为还可以换一种说法，或曰："艺术必随时代。"

对时间的感悟，对时代发展的体认，并不是浅表的赶时髦，不在于你采用古老的木刻办法抑或现代丝网感光技术，也不在于你是用写实语言还是抽象表现方法，甚至也不在于你是80后还是40前。你可以研究一个古老的命题，做一件看起来很"老式"的作品，但你的精神状态必须进入当代，你的作品必须进入当代语境，否则这些作品便有可能变成商业画廊的畅销行画或老年大学的书画自娱，这是已经美术史证明了的不以人的意志为转移的铁律。

感谢上海美术馆对上海版画的关注，得以举办这样一个能反映上海版画目前学术水准的展览。在展览的组织筹备期间，我参与了版画艺委会组织的一些小范围的宽松自由的作品研讨交流活动，颇多收益，并有所感，写下这些自我反省的文字，权作展览前言。

2007 年 11 月

回望

——"回望"版画展前言
王劼音

提起上海版画,不可避免地使人联想到中国的新兴木刻运动。1931年8月13日,鲁迅先生邀请日本友人内山嘉吉在上海举办木刻讲习班,使上海这座城市有幸成为中国现代版画艺术的源头。

近年来,研究推介解放前革命木刻的文章比较多。革命木刻在中国美术史上的地位已不容置疑。这些作品中所蕴涵的激情和真实,时隔半个世纪,今天看来越显其珍贵。相比之下,对上海解放五十年来的版画发展却略有些淡漠。或许是作为这段历史的见证人和参与者没有意识到自己所经历的一些平凡故事,竟已有资格被作为历史?或许是对于离得较近的事件缺乏时间的过滤,反而难以下笔?或许其中涉及"文革"等政治原因至今难以表态?

若要对解放五十年来的上海版画做一次真正有点分量的回顾,需要花大量精力,阅读历史资料,采访当事人,然而更重要的是要有全新的学术眼光和角度。仅仅罗列些优秀的作品,加些事件的回放,是远远不够的。书写历史,似乎是一个纯客观的描述,其实深深刻印着写史人今天的立场。此外,在中国一提起版画,马上会联想到"左翼",一篇四平八稳耳熟能详的格式化官样文章,便会浮现出来。这种文章其实只是应景,而不是学术。

解放五十年的上海版画,真要深入剖析,其实有许多事值得一想:

当年的左翼青年,随着革命成功,进城住进了洋房,从在野的斗士变成了文艺领域的官员,这种个人境遇的巨大变化,会使他们的创作发生什么样的改变?

解放后政治运动不断,一方面继续鼓动着版画家昔日的革命热情,另一方面是否使他们逐渐变得谨小慎微,察言观色,从而影响了他们的创作?

上海的第二代版画家以工人画家为主,他们的作品敏锐地反映生活,传递了来自基层的信息,给上海版画注入了新鲜的活力。但因为上海没有专业版画创作机构及教育机构,这种以工人业余作者为主力的状况是否在学术层面上给上海版画带来了某种缺失?

"文革"期间文艺一片萧条,唯独群众美术活动却畸形地兴旺,涌现出一大批版画作者及作品。如何评价这一荒诞的文化现象?又如何评价打着为政治服务的旗号由画画的狂热爱好者制作出来的"文革版画"?

改革开放,八五新潮。上海版画为何较晚转入创新的轨道?是否因为版画的"革命出身"使之具有天然的抵抗西方艺术的能力?创新是否就是西方化?创新之潮使上海版画面貌发生了历史性的变化,终于摆脱了老面孔。但是否也给不少版画家带来了困惑?是否在某种程度上遮蔽了画家的个性?他们勉为其难的"创新"之作,或许反而是一种倒退?

"回望"版画展图录

上海版画五十年，弹指一挥间，却留给了我们一份珍贵的历史财富。我们认为非常有必要将这段历史很好地记录下来，并加以学术上的观望，使之避免在不经意间为时间所湮灭。因而借第十八届全国版画展在上海举办的东风，推出这题为"回望"的展览，希望以此为契机，引起版画同仁以及理论精英的关注，大家共同携手来书写整理五十年的版画史料。

我们的回望既不是多情善感的恋旧，也不是好汉大谈当年勇式的自我陶醉。

这是新兴木刻发生 20 年后，上海版画继续前行 50 年的客观历史。

我们站在这半个世纪版画的基石上，想象着未来的上海版画，那天边的一抹亮色。

2007 年 9 月

"亦师亦友"画展感言

王劼音

这个画展，似乎并非为炫耀参展画家的艺术成就，画展的真正主旨却在于要回顾一段难以割舍的集体记忆。

上世纪70年代。在那个荒诞绝伦的"文革"年代，却不可思议地冒出了一群疯狂的艺术信徒。这种奇特的现象其实颇值得艺术史论学者研究。

那个年代画画既无金钱收入，发表或展出也不署名。然而这些人却仍然不可名状地堕入艺术的情网而不可自拔。他们见面先看图画，朋友聚会似乎只谈画图。有谁弄得一本"违禁"画册，必邀三五好友进行秘密研讨，更有好事者会在家中卫生间临时搭建的暗房中翻拍放成照片分发给画图朋友。他们在上海既嘈杂有时却又很宁静的石库门弄堂或破败的老洋房里互相串联，这里还留着刘海粟、林风眠、吴大羽、颜文樑等前辈的气息，他们必定无形中被大师的灵光所照耀，因而在流行红、光、亮"的"文革"美术潮流中，这帮艺术狂徒却在研究"美帝苏修"的艺术，冥冥中和西方艺术相呼应。

这群穷得叮当响的年轻人又出奇的富有。他们拥有一份对艺术的虔诚之心，因而在那个人性扭曲的时代，能得到艺术女神的眷顾。他们拥有深爱他们的老师，这种师生之情令人终生感怀；他们拥有朋友之间的赤诚，在最困难的时候能得到友人相助，自当铭记终生。

当年在亭子间或客堂里的聚会，事先并无精心的谋划，几个人忽然兴起，骑着破车到某人窗下或门口叫一声，一场聚会就此开始。这个展览在我看来很有些像当年的聚会，自然而随性。

喜欢回顾，往往是年老的一个症候，带有一些无可奈何花落去的无奈。但回首往事并非一概的只是消极和感叹，还能从回望中找到极为珍贵的东西。人类社会再怎么发展，再怎么新潮和时尚，但有些东西比如真诚，比如宽爱，必定永存于世。因为没有了真诚和宽爱，人类社会就会毁灭。现在恐怕真的到了人们该停下来想一想的时候了。

因为这个展览而引发一些回忆和感悟，成此短文，并借此机会祝愿当年一起画图的朋友万事顺利。

2011年4月

"亦师亦友"画展画册

原载《亦师亦友——海上画家联展画集》，上海人民美术出版社2011年版。

上海和版画的关系很不寻常
——《上海现代美术史大系·版画卷》序

王劼音

  1931年8月，鲁迅先生在上海举办木刻讲习班，而后，在同时代其他有识之士的共同推荐下，终于使历史悠久、然而仅仅作为绘画的复制印刷手段的中国传统复制木刻走向了现代意义上的版画艺术，使上海这座城市有幸成为中国现代版画艺术的源头。
  新生的版画艺术在革命战争年代大显身手，以政治上和艺术上双重的新锐精神突入画坛，留下了一段辉煌的历史，近年来已引起重视。相比之下，人们对解放以来版画的发展，却有些淡漠，乏人关注。
  事实上解放以来的六十年，在历史长河中虽然只是一瞬间，然而，从初期的十七年到荒诞绝伦的十年"文革"，从改革开放到今天，这期间发生的许多艺术事件既丰富又复杂，为世所罕见，特别是对其中前三十年的历史，真正当代意义上的学术研究近乎空白。
  作为参与这段历史的人，可能没有意识到自己所经历的一些平凡故事，竟已有资格成为历史；此外，由同时代人来书写历史又极有可能因缺少时间的过滤而减弱写史所必须持有的中立和客观。问题在于，随着经济社会的高速发展，历史参与者们所掌握的大量第一手的文字及图像资料正在加速地消损。这便点出了事情的紧迫性。
  有一次到江南某水乡小镇，人们正准备拆除一幢建于20世纪50年代带有红五星标记、曾是供销合作社的建筑，这种建筑式样是某个特定历史时期的产物，其中隐藏着历史气息和时代密码，后人再也无法复制和克隆，其珍贵的价值，将会随着时间的流失而日益彰现。
  过去人们根本不知道古建筑的价值，一拆为快。近年来，经过专家学者志士仁人的不断呼吁，这些旧物的宝贵之处总算被人们所认知，但暂时还没有将这种认知伸延到解放以后。这种疏漏总有一天会使我们再一次追悔莫及。
  解放后的上海版画所面临的境遇是相似的。我曾和肖谷、治平诸君谈及这个问题，大家颇有同感。觉得应该做些事情来留住这段历史，而且刻不容缓。遂于2007年策划了一个名曰"回望"的展览，集中展示解放以来上海版画的一些代表作品，蔚为壮观。原计划同时出版一本既有作品又有史料及有关研究文章的文献性画册，然而对历史的记录、发掘、研究工作需要有甘于寂寞之人青灯黄卷经年累月积淀而成，决非一时能赶将出来。最后只出了一本仅有作品的画册，留下遗憾，因而在前言中有这样一段话，寄希望于今后："上海版画五十年，弹指一挥间，却留给了我们一份珍贵的历史财富。我们认为非常有必要将这段历史很好地记录下来，并加以学术上的观照，使之避免在不经意间为时间所湮没。因而借'第十八届全国版画展'在上海举办的东风，推出这题为《回望》的展览，希望以此为契机，引起版画界同仁以及理论精英的关注，大家共同携手来书写整理这五十年的版画史料。"
  一年后即传来佳音：上海市美术家协会决定编辑出版《上海现代美术史大系》，其中包括"版画卷"，我们期待已久的事终于变成了现实。
  《上海现代美术史大系·版画卷》对建国以来的上海版画作了比较全面的梳理和回顾。

鲁迅与青年版画家座谈（鲁迅生前最后一帧照片）
1936年10月8日，鲁迅抱病赴上海八仙桥青年会参观"第二回全国木刻流动展览会"，并与在场的青年版画家促膝座谈，时距他逝世仅11天。自左至右为：鲁迅、黄新波、林夫、陈烟桥、白危（背影者）。

1936年鲁迅先生在上海和青年版画家座谈

在我看来，这并非仅仅是追忆和怀旧，其实还另有其现实的意义。

人的思维往往十分局限，会形成某种固定的看法难以改变。比如，会认为解放以来的版画，都是配合政治运动的应时之作，没有什么本体艺术价值可言。其实，政治或艺术都很复杂，政治和艺术的关系更为复杂，决不是简单的二元论能说清楚。经过时间的过滤，用今天的艺术角度去重新审视这段历史，或会发现被遮蔽的另外一面，甚至从中得到启迪，从而给我们今天的创作注入新的因素。

《上海现代美术史大系·版画卷》的问世，应该是这方面研究的一个极好的开端而非终结。我们由此期待引起专家学者的关注和共同参与。

在急功近利的年代里，书写历史似乎是几个不可思议的闲人在做一件毫无实用价值的蠢事。然而，我却相信对历史的书写和研读，将会使我们的作品变得厚重，而不至于迷失在轻薄的世风之中。

2011年11月

南阳路 228 号
——回忆老师杨可扬先生

王劼音

《鹤鸣九皋：杨可扬画传》封面

上海有条南阳路，知者甚少，隐身于喧嚣繁华的南京西路北侧，幽静而又具品位。

南阳路和铜仁路交汇处有三排砖混结构的多层公寓，系由赫赫有名的匈牙利建筑师邬达克设计，于 1932 年建成，因邻近旧称爱文义路的北京路而被命名为爱文公寓。这个公寓沿南阳路有三个出入口，最西面的一个挂着"南阳路 228 号"的门牌。

这个门牌号对我而言有难以忘怀的特别含义，中国现代版画的奠基人物杨可扬先生曾在此居住。

我加入美协后，就在版画组，有机会见到杨可扬等版画前辈。1985 年在杨可扬和邵克萍先生倡议下成立了上海版画会，遂有较多机会去两位先生寓所商讨版画工作，于是便熟悉南阳路 228 号。

这是一幢饰有水平线条，立面简洁的现代风格建筑，进入镂空铁门便是停着许多自行车的门厅，登上宽大而做工细致的转角扶楼上去，透过向南的窗户可见庭院内的绿色。杨先生住在四楼，和指挥家曹鹏合住一套房子。

每年春节，我们都会相约去看望版画前辈。而拜年的第一站一定是选在南阳路 228 号。

大家都骑自行车，在冬日和煦的阳光下，傍着法国梧桐色彩斑斓的树干等待，人到齐后便上楼去。往往空手，那时的我们总觉得若带些烟酒礼品便会俗气。

有时会带上新作的藏书票或贺年卡权作礼物。杨先生也曾多次赠予我们他每年都刻作的贺年卡，小小的一帧，却总是鲜艳夺目，带着喜气。

大家坐在朝南的客厅里，似乎总是沐浴在阳光下。而窗台上也似乎总有盛开的水仙花，杨先生曾以此花为题刻作过版画作品。清茶一杯，然后他会拿出家乡带来的橘子说："看看不大，吃吃蛮甜。"请大家品尝。

董连宝、张嵩祖等版画会的负责人往往来不及多寒暄便急于转入正题，向先生汇报版画会的工作情况以及来年的打算。拜年便变成了工作会晤。杨先生静静地听，偶尔插些话，鼓励和肯定的成分居多。

有一年去拜年，居然又演变成版画研讨会。

那是 90 年代的一个春节，这回杨先生兴致勃勃地说最近刻了一些新作要请大家"提提意见"。没想到能第一时间看到他的新作，大家都很兴奋。他把作品摊在地上，约有七八幅，都是尺寸在 60~70 厘米之间的套色木刻，记得其中有一幅描绘位于陕西北路的马勒公寓的尖屋顶。

我们比他年轻得多，一年却刻不了几张木刻，看了他的新作，大家心生惭愧，杨先生对版画的执着和勤奋，我们无人能及。

这一时期应该是他创作的高峰期，一批有广泛影响的作品如《江南古镇》《乡村四月》《水乡人家》《故乡的院落》《绿遍江南》《黄土地》等先后问世。这些作品已有极鲜明的个人风格，在全国版画圈内独树一帜。他喜用粗重的黑线来统领画面，再辅以极纯的红黄蓝等色块，鲜艳明快，简练概括，充分发挥出套色木刻这一艺术样式的优势，视觉效果十分强烈，和他解放前所作的反映人民苦难生活的作品恰成对比。

与版画家们拜访杨可扬先生

可杨先生作版画大刀阔斧，不拘小节，遒劲奔放，有大江东去之势，或和他为人的格局和气度有关。

我们蹲在地上围成一圈欣赏他的新作，大家七嘴八舌就这些画作各抒己见。我也真的给他的画提了具体的意见。可杨先生在一旁毫无愠色，满脸慈祥。

这一幕是上海版画界生态环境的一个写照，从中可看见一种真诚和真实，这在现今社会中正变得越来越稀有和珍贵。

上海的几位老版画家从不以"大爷"自居，平易近人，对后辈很宽厚，因而我们作为小辈完全用不着去学会那一套虚情假意甜言蜜语的"嘴上功夫"。我们从内心深处钦佩他们。

在这些德高望重的版画前辈的精神影响之下，版画界形成了一个和谐团结、健康向上的局面。那时大家单位里工作都很忙，但只要版画方面有什么事，都是不计得失，无私投入。那些见利忘义、吹牛拍马、投机钻营、拉帮结派的人在版画圈里完全"吃不开"，没有活动空间。

版画会很穷，没有经费，办一个展览从装框、布展、刷版面、挂横幅，直到踏着黄鱼车上街贴海报，都得我们自己干，大家忙得不亦乐乎，没有任何回报，却心情舒畅。

1995年中国版画家协会在北戴河召开第三届会员代表大会，要进行换届改选。任何协会的改选，争席位是头等大事，因为牵涉到地区、群体乃至个人的声誉和利益。我作为代表行前到杨先生寓所拜访，不料杨先生却对我说，这些年上海版画虽有很大进步，但和外地版画强省比差距仍大，我们要虚心向他们学习，不要去和他们争席位。他的话使我思索良久，从中品出为人处世的境界。他对我们的影响，往往就在这些不经意处显现出来。

可杨先生一生所创作的许多优秀版画作品，已成为美术史上的经典。然而他却并没有宏篇巨著发表，平时也很少见他慷慨激昂的号召呼吁或语重心长的教导劝诫，没有"宏大叙事"，很平淡。没有那种导师的样子，其实他也没有要做导师的意思。他只是做好他的人、刻好他的木刻。

恰恰是这样一个简单平和的老人，却无形中为我们树立了一个精神标杆，开创了一种风气，影响了一代版画作者。

前不久专程去南阳路走走，在 228 号门前徘徊。这条昔日幽静的路上开出不少商铺，周围已是高楼林立。然而一如二十年前，冬日的阳光依然和煦，路边的法国梧桐色彩斑斓。

2011 年 2 月

原载《百年可扬——杨可扬诞辰100周年纪念文集》，上海人民美术出版社2014年版。

"杂家"谈艺录

王劼音

一个画家的艺术经历，包括他的人生经历都会在他的作品中反映出来。画家的一幅画如同树的一个横断切片，从这个年轮切片上，大致可以看出这树的经历。画之所以能引起他人的共鸣，就因为其中隐藏着这样的生命密码，当然，那些成批生产出来的艺术品就另当别论了。从艺术经历而言，我创作过版画必会在今日的油画作品中留下痕迹。这种现象并不罕见，我们不难从某个国画家或油画家的作品中看出他早年从事其他画种创作的痕迹，这是一个客观存在。每个画家又有自己不同的主观态度。有的画家可能会不屑于早年的从艺经历，他要洗心革面，做一个纯粹的油画家，而我则抱有一种顺其自然的态度。我是个自由散漫的人，没有什么宏伟的抱负，既无明确目标也没有科学的规划和策略，只是喜欢画画，图一时之快，放笔画去，糊里糊涂走到今天这一步。至于属于什么画种或画派，其实与我无关，这是研究者的事。

我的经历比较多，读了五年半附中，又读了三年半工艺美术，后来醉心于版画创作，也不算正宗。我对于自己的"杂家"身世并不自惭形秽，反而泰然处之，我行我素，这样一来，倒比较真实，画出了不同于别人只属于我自己的画。假若从我的油画中看出版画痕迹，或认为这些画有自己的"风格"，这一切只是我放之任之，自然流露的结果。

2006年，在融水侗寨写生

回想自己的学艺经历，从进美院附中开始，就进入全盘西化的体系。其结果导致一个美术学院毕业的中国大学生大都对中国文化缺乏了解。他们除了学会一种能在二维平面上制造出三维的幻觉效果的神奇技术之外，还在脑中填入了大量西方艺术图像信息，乃至以西方人认为的美为美，以西方人认为的好为好。

首先我在读书时心思就很活，虽然天天在画苏派素描，却留了一个心眼关注非西方艺术，会刻意临摹印度阿旃陀壁画或墨西哥阿兹特克人的石刻。其次尽管那时不可能接触西方现代艺术，却还是能捕捉到一些零碎的信息，心向往之。这是因为西方现代艺术是从东方汲取力量而形成对写实再现反叛的。第三是因为我后来主要从事版画创作，刻黑白木刻。这个画种局限性很大，很难写实再现。附中毕业又去学了工艺美术，被老师逼到博物馆去临摹青铜器、彩陶纹样，研究蓝印花布和民间剪纸，受到中国传统艺术的熏陶，慢慢地离开了写实再现的轨道。

后来，我带了这样一种顶礼膜拜的朝圣的心理到欧洲去留学。奇怪的是，西方人对我们的这种认识大不以为然。我的教授沃尔夫冈·霍特一见面就对我说："你到这里来有什么可学的，中国传统艺术，才是你该研究的课题！"而不少外国学生居然在读《道德经》和《论语》。

欧洲人教会我一件很重要的事，就是要用自己的脑子去思考问题。要学会对现存的、大家司空见惯的、似乎正常不过的现象提出疑问。中国文化传统博大渊深，后人不去研究继承，却一头扑入洋人的怀抱，而且业已形成一种常规，岂不可悲！颇具讽刺意味的是，我对中国文化的这些思考，偏偏是从洋人身上得来的启示。油画是一个外来画种，这个画种特别适宜于栩栩如生地再现对象，然而今日的油画主要已不再承担这种再现对象的任务了，为再现对象而形成的那套完美的技法语言系统，早已被西方现代诸流派的大师解构重组。如果说在经典写实油画语言体系中，伦勃朗或德拉克洛瓦，是无人超越的高峰，那么，脱离了经典写实这一轨道的油画语言，则是人人能加以利用的一种技巧或技法，一个中国人和一个西方人无高下之分。

有些画家作画是先有构想，要表现什么，用什么角度去表现，再画小构图、放大稿，按部就班完成。这是"有意栽花式"，我画画则是属于"无心插柳式"。面对一块画布，先任意涂上一些颜色，再"摸着石头过河"，一步步走下去，类似棋手下棋，充满变数，无法预知结局，正是这样的不确定性，使画画过程变得十分有吸引力，妙趣横生。

下棋有下棋的法则，画画也有法则，这就是对立统一的原则。画面上不同的色彩如其中的冷暖、深淡、厚薄、形状的大小、方圆、长短、宽窄、曲直等多种元素，像一群桀骜不驯之徒，要想办法让他们和谐共处一室，谈何容易。当你涂上第一块颜色，再涂第二块，就要费心思了：涂什么颜色，涂在什么地方，涂成什么形状？好不容易将这两块颜色安排好，第三块一来，又会产生新的矛盾，弄得不好，连前面已经摆平的事又要推翻重来。

构成画面依据的是对立统一的规律，但如何具体运用这一规律，完全因人而异，画画毕竟不是做算术，并没有一个具体的公式。有的人不知道，或不太知道画面效果的好坏，明明很好的地方却留不住改掉了；有的人不敏感，不知道两块颜色放在一起时，有一块颜色稍冷一些或暖一些就好了，他看不出来。从这方面的判断能力，可看出画家水平之高下。还有更难的事，一幅各方面都安排得恰到好处，甚至从技法到技术都无可挑剔的画，不一定是好画。

画家在作画时，有时是忘乎所以，激情飞扬，有时却较为关注技术层面的事，细心收拾画面，这时候很容易掉入技术陷阱，把一幅画画死。只有激情，没有技术支撑，当然不行；但技术的事弄过了头，就会弄出"画命归天"的大事。有时忙了一天，自以为画好了一幅画，第二天一看，此画了无生气徒有躯壳而已，就像一个人气数已尽。活人和死人只差一口气，好画和差画也只差一口气。不少人常会把一幅各方面十分完美的"死画"误以为是精品力作，这是艺术家水平高下的一个分水岭。

有人把我的画归入意象一路，我以为离开写实再现未必就是进入意象。齐白石说的"似与不似"和西方的具象和抽象其实是两个概念，介于具象和抽象之间的现代画家很多,并非都能归入意象。我以为意象不仅是一个绘画流派,而是一种气质,一种人生理念,一种生活方式,一种思维习惯。中国老一辈知识分子身上那种平常淡然、超凡脱俗的气质,正是意象的根源,相反那些急于求成、幻想一夜成名、张牙舞爪、拳打脚踢的画家或可以进入西方的野兽派或抽象表现主义,却绝难进入中国的意象。

我曾在国外和西方艺术家一起工作过,我和他们之间在性格、脾气、气质、观念上有很大差异,由此而想到一个中国人的基因,是和中国的意象绘画有着内在关联的,假若顺着自己的路走下去,有可能自然地和意象渐行渐近。

作为一个中国艺术家可以是一个全球人,无所谓什么民族身份,创作出很"西洋"的画来,亦无可非议。当然,他也可以十分"中国",一任自己骨子里的民族基因自由流淌出来。我只是比较不赞成为了获得某种效应,故意打全球化或民族化的招牌,这有可能沦为浅薄的"作秀"。

在泰康路工作室内

摘自《古为今用的南国高手——王劼音》,2014年11月6日,微信号:"艺来艺往"。

第四章 评论与访谈

王劼音在杨浦大桥工地写生

对话：视野的宽度

对话人：王劼音　李晓峰（艺术评论家、策展人）

王劼音画册

李：和你讨论你的艺术以前，我想先谈一下对你艺术的两点感受：一是感到你的艺术成就并不是用国际化大展或国家级大奖堆就的，这好像很难让人感到你的显赫，但却未影响人们对你作品的当代性和学术水准的认知，因此，没有人怀疑你在上海的影响力；二是感到你的艺术总是处于边缘，可又总边缘得很重要，让别人忽视不了，这点似乎也吻合你的人生经历和处世为人。

还有一点让我惊讶，上海"一年一个样，三年大变样"，到处都在动，动迁搬场，而你这样一个功成名就的艺术家，却仍住在出生时的老房子里，用句上海话讲："侬老笃定的！"

王：从另一个角度看，我是个动得很多的人。例如我在哈定画室学画，是西欧的模式，后考入浙江美院附中，又是苏联模式，转学到上海美专，和杭州的教学环境又很不同，美专毕业到工厂又当了十年工人，工厂和学校环境差异甚大，后来又从上海飞到维也纳，差异就更大了。变动带来差异，我喜欢差异，我在差异中学习。上海大学美术学院成立后，我也是动的地方最多，先是在附中，后到设计系，再后来进了油画系，现在我又兼任版画工作室的教学。我的艺术生活总在变动之中。

李：在你描述的你的人生经历中，虽然有如此多的变动，却反衬出你的笃定，因为变动的结果是动出了一个越来越平静的你。你并未因"动"使自己面目全非，使自己丧失，在动的过程中，你表露了一种难能的自持，在这个充满变化和诱惑的年代，你的这份笃定是值得尊敬的。

王：这种自持也是渐渐形成的，特别是"文革"给了我不少经验教训，才知道人常容易沦为工具，明明是工具，却还自以为是主人，岂不可悲。此外"人来疯"很可怕。"文革"时人人穿军装，改革开放后人人穿西装。盲从的可笑和可悲令人刻骨铭心。我从亲身经历中感到，盲从、盲动不如不动、少动。

李：道家哲学强调以静制动，道家认为动生于静，且动极生静。道家哲学中的"静"里，既深含了人的一种从容的自信，又含有对大千世界的敬仰、敬畏。两者一致时，就叫自然。因而，"自然"可以使人有分寸，有持守，能在对变动的顺应中不迷乱方寸，不丧失自己。

王：你所说的自然和自信，我不是从东方哲学中学来，反而是从维也纳学来。在维也纳的两所艺术学院，从第一天注册后，好像就再也没有人来管你了，画什么，怎样画，全是你自己的事，这样的情况会使一个从中国来的学生感到很失落。我们习惯了中国的教育，潜意识中，总有依赖或遵从他人的心理，总在关心自己的画别

在画室中创作

人会怎样看，反而忘记了自己。其实这是一个关乎你"主权"的问题。尤其在中国，很容易陷入群体无意识的盲动之中，被外界的潮流冲昏了头脑，忘记自己是什么人，本来想做一件什么样子的事情。

　　李：刚才谈到你的变与不变。在艺术上，你似乎存在着常人少有的跨度，至少对于你们这代人而言。是科班？是业余？是油画？是版画？是古典？是现代？是西方？是中国？我感到在你身上很难分辨清楚。

　　王：由于我经历的多变，才造成我在画种之间的跳跃，这种跳跃并非有计划有意而为之，而是不知不觉，因了某些偶然的原因。比如我从版画跳入油画就是如此。

　　李：这样的画种跳跃，一定会让你有许多新的体验。

　　王：我成了一个边缘人物。我从版画进入油画圈内，自然是边缘的，搞了油画之后在版画圈也成边缘。边缘离开中心远，天高皇帝远，正可以由着性子乱来一通。另外，我从版画到油画，在差异中学到不少东西。版画圈和油画圈有些不同，版画家比较容易落入技术的陷阱而忘记艺术的本意，但版画的语言特点或语言限制又是版画的巨大优势，逼迫艺术家脱离如实描绘对象的局限而飞跃。

　　李：你的油画作品从未拘泥于对象的描摹，而是使用了非传统意义上的技法语言和造型要素，呈现形意之间状态。不是严格意义上的抽象绘画，当然也不是古典、写实一类的具象绘画，既有表现主义的痕迹，又有一种地域化的文化气息和历史感，在形式、色彩等艺术元素中有一种心理化、情绪化、感觉性、思想性交织在一起的东西。

　　王：有时为了更深地表达人的情感与想象，往往会感到画面中具象因素的干扰，干扰了内心的表达。起先画面中有一些具象的物件，后来终于不得不除掉，只留下些许痕迹，变成现在这个样子。

　　李：我感到，你对形意之美有很强很深的认识。在你的画中，模糊朦胧了的有形物体，只是人的深层次精神世界的一个载体，看似纯技术的画面元素背后，既是现代绘画的抽象形式美语境，又蕴涵了中国文化的意象美韵味，尽显出"妙在似与不似之间"的艺理。

　　王：中国画的妙处就在形意之间，很辩证，不走极端。你说它有形吧，又不是逼真描摹，但又不搞纯抽象，还是有形。比如画荷花，中国画家对荷花的观察研究很彻底，荷花的结构、生长的规律等等，这种研究几乎类似于植物学家。但等他具体画的时候却可以很随意，一朵荷花画得七零八落，加以"解构"，这种"解构"又是以前面的研究为基础的，妙不可言。

　　李：在中国的艺术思想中，绘画虽意不在画，在津津乐道于"得意忘象"之时，又岂无对"象"的陶醉。

王：欧阳修的一句话"醉翁之意不在酒"很有启示作用。八大山人画一只怪鸟，并非是要告诉别人，这是一只属于什么科目的鸟，这只鸟在干什么，他是别有用心。欧阳修和一帮文人到野外饮酒，酒只是一个幌子，他们真正在意的却是"山水之间"。假如我们画画，只是惟妙惟肖地复制自然，这很容易变成一种类似于"口技"的技术。

李：你对文化的把握方式很有特点，重形象感受、气韵熏陶，进而把握无形的精神存在。既不是思想家的概念思维，又不是匠人的技术经验，而是既求直观又超越了具体。

王：我比较"务虚"，例如我到新疆去，不是为了表现新疆的风土人情，而是去感受西北的浩瀚之气，这对于居住在上海的画家很有益，因为上海很容易使人变得"奶油"。具体描写什么东西其实不是第一位的。古人极少写生，当然更没有拍照这回事，他们永远是重在描写一种心情，而不是具体物象。

李：因而你似乎很注重"气韵"。

王：中国画论中有两个关键词，一个是"气"，一个是"意"，都很难翻译成外文。这里的"气"绝不是"气氛"，这里的"意"也绝对不是"意义"，对这两个字看来只能"意会"。

2006年，在融水侗寨写生

李：我注意到你多次强调艺术的非技术性。你曾说过"一件艺术品的真正价值其实是非技术性的"。

王：我强调在技术学习中不能排斥个人的感觉。在艺术方面，我更在意天赋素养。也有人借天赋、感觉做幌子，乱涂乱画，冒充大师，这是我们需要防范和甄别的。但有一种更值得警惕的情形，有些人画得似乎完美无缺，技术上无可挑剔，但味道就是不对，其实就是较少内在的深意。与前辈画家比，我们现在很多人文化根底不深，仅仅靠一点技术硬撑（即使是技术也不如前辈），是无法达到真正的艺术境界的。就如一个音乐学院的学生，技术很好，却没有乐感，只会成为一架谱子放进去，琴声就出来的机器。同样，美术学院的学生也会变成一架照相机，出来的作品缺少两件东西，一个是"气"，一个是"意"。我并不是说不要技术，我总觉得技术是有形的，而内在精神却是摸不着的，要靠悟性。

李：相对技术而言，文化底蕴对艺术更加重要，尽管文化可以说也是无形的，它的作用往往体现在精神层面上。

王：我还想谈谈东方哲学中的顺其自然。

过去我对中国文化没有什么兴趣，也很少看老庄哲学方面的书，但可能是中国人的基因在起作用，在为人处世方面不喜欢去强求一分不属于我的东西。回顾自己

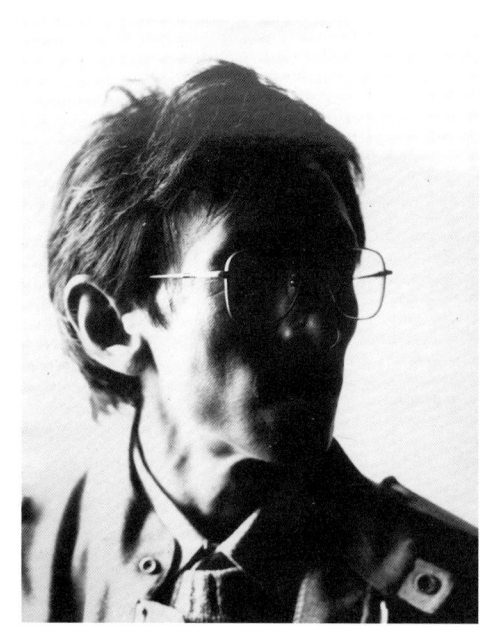

青年时代

的经历，一步一步都是自然而然，而不是刻意追求的结果。东方哲学有其消极面，在西方人眼中或许便是缺乏进取，安于现状。

李：其实东西方思想会形成一个互补。

王：画画也是如此，既要不断进取，又要顺其自然，去硬做不符合自己本性的事，结果未必美妙。有时候真的很奇怪，艺术家一方面追求自由，一方面又被一只无形的手所左右，你如何画，你成为一个怎样的画家，似乎上帝早有安排。你在画一幅画，画也在画你，它也有生命。正如托尔斯泰，他本来不想安娜·卡列尼娜死去，但是到最后安娜不得不死去。我在维也纳的教授，他画风非常理性，喜欢用硬边的办法，我因而受到一些影响，但回国之后不知不觉离他越来越远，几乎走到他的反面。这不是我有意要和他对着干，而是身不由己的结果。

李：这大约是回到了东方，或东方把你召回。

王：今日画坛，在我看来，主要的毛病就是不自然，为了讨得欢心而装腔作势。好比一个本来很朴素优美的山村，变成了旅游景点。前年出去旅游，经过四川松潘，这是一个古朴的山城，有许多木结构的藏族风格建筑，街道狭窄，极有味道。但是这个城市正在改造，将来必然会出现通衢大道，马赛克墙砖，铝合金门窗，以及必不可少的蓝色玻璃窗。我们常会数落城市建设部门，其实我们在画画时，何尝不是在做着同样的一件事：把朴素、天然的东西去掉，换成讨人喜欢的千篇一律的"卖相"。

李：你对"非竞技性绘画"的强调，是否也出于你的"顺应自然"的主张？

王：艺术界的各种评奖无可非议，但其负面影响也不容忽视。人们对奖项发生兴趣，反而对艺术失去了兴趣。为了得奖取宠，没有办法做顺应自然的事情，反而要以牺牲自我和牺牲自然为代价。

李：人的荒唐可笑之处，恐怕也在于自认为能高自然一筹。从局部看好像是这样，但整体观之，人只要违背自然，便会受到自然的无情嘲弄和报复。

王：许多艺术家所以为民间艺术或原始艺术激动，就因为这类艺术比较自然而不矫情。

李：如果说喜欢原始、古朴的艺术趣味与你的天性吻合，那么，对源自西方的现代艺术你又是怎样接受和进入的呢？

王：西方现代艺术，从民间艺术和原始艺术中吸取力量来反对做作的学院艺术，如高更、毕加索、莫迪格里尼等，因而我天然地接近西方现代艺术。我没有耐心看卢浮宫里的二流古典画，相反在蓬皮杜中心，我会流连忘返。

李：我想，你的这种"天然的接受"，在于你有一颗现代人的心灵。同时，也证明西方的现代艺术观念与东方的古代文明存在着某些内在一致，或叫契合之处。从你的谈话中感到你的艺术态度很"东方"，你又十分关注西方现代艺术的发展，可你却并未放弃在西方已越来越不重要的架上艺术形式，你是否感到这中间的矛盾？

王：我去参观西班牙毕尔巴鄂的古根海姆博物馆，根本无架上绘画了。当然，那些现代装置给我很好的启发，但我总感到这是另外的门类，其实和"美术"并没有太多的关系。西方人喜欢造反，西方艺术史是一部造反史，它一路反下去，最后把美术本身反掉了。

李：西方人开始在领域内造反，现在反造到外面去了。

王：东方人和西方人不同，东方人认为造反有一个度，你永远也无法超越这个度，俗话说"孙悟空跳不出如来佛之手"，就是这个道理。我想举两个例子，一是以医学为例子。人们想尽办法治疗疾病，有一个怪毛病出来，就想办法克服，目标是人可以长寿。但医学无论如何发达，人终究难逃一死。当然，并不是说人不要努力，医学院就可以关门，生病便等死。第二个例子是语言。今天的汉语和古汉语已有很大不同，汉语还在发展，比如许多外来语进入汉语，但是有一个度。你如果说要创新，要革命，否定汉语，发明一种新的语言，当然也可以，但这种创新已经和汉语没有什么关系了。汉语仍沿着自己的轨迹发展，也需要一批志士仁人为汉语的发展而努力。当代新媒体艺术很好，对我而言有点像汉语之外的一种新发明的语言，这是另一个专业范畴。

接受媒体采访

李：我觉得现在有些人把"架上"与"非架上"视为传统和现代的分水岭，实在有些偏激，显然也缺少了理解艺术的境界，起码是不自信的表现。我相信，信心未必要建立在"国际化"这一条路径上，尤其是狭隘的"国际化"未必就一定能使艺术登峰造极。艺术的"自律性"永远是大于"他律性"的。

王：假如我们离开西方，换一个角度，用自己的眼光去看世界，看艺术，同时，我们又不再仅仅从本土文化的立场去研究本土文化，而是从跨文化和全球的视界去考察本土文化，这样，由于立场的转换，必定会给旧的对象带来新的可能性，并因此促成对传统的发现和再认识。这里面有一个很宽广的探索空间。

李：作为美术学院的教授，你是否能谈谈艺术教育。

王：美术教育涉及面很广，接上面的话题，我觉得也有一个走出西方阴影的问题，特别是中国画教学。

中国有自己的美术教育模式，但"五四"以后便被颠覆，因为西方人科技发达，国势强盛，爱国志士看到中国文化的问题，揭竿而起，"五四"之后我们便在各个领域拜西方为师。我们学画的过程就是逐步西化的过程，一方面我们学会了如何科学地画"逼真画"，一方面又以大量西方图像信息来置换原先脑中仅剩的中国图像信息，以至于我们想画一匹马的时候，满脑子西方图像，而不大会想到昭陵六骏、马踏飞燕和韩干。

李：我们判定"五四"以来中国的"新教育"其实也是反省过分"西化"给我们的教育所带来的偏差。"五四"时期，中国开始向西方学习是积极主动的抉择，学习了一个世纪，其中历经曲折，但的确有个学得主动还是被动、清醒还是糊涂的问题，值得反省。

王：我最想不明白的是中国画教学也照搬西方模式，要画契氏素描，把形搞得很准，追求惟妙惟肖。最厉害的便是作为西洋美术教学体系基础的素描，这个素描击败了中国绘画中的种种"不科学"，把艺术置换成科学。这和中国画体系的原理其实是相悖的。

李：确实，在当今世界，现代文明所到之处，必然给那个地域、那个民族带去极大的影响。

王：谢天谢地，目前各地区的文化还保留着自己的个性特点，还存在着"地区差别"。

李："一方水土养一方人"，不同地区一定会产生不同的审美形式、审美要求、审美趣味。

王：比如上海，这个地方的"地气"不同于别处，即使是与近在咫尺的苏州相比，也相距甚远。上海人比较自我，注重个人空间，不大合群，恪守君子之交，因而常引发外省人士的贬责之词。其实上海人的习性倒和西方较为接近。上海人的习性和生活方式也必然规定并影响着上海的艺术。

李：在上海现代艺术活动中的成功人士仍多迷恋于架上，这种情形总会让人自然而然地推论出关于上海艺术的陈词老调：精致、优雅、唯美、折中……特别是在近年中国现代美术活动再起潮涌之时，这种关于上海艺术的论调似显得十分"致命"。

王：的确，现在的上海艺术似很难构成被关注的焦点。但我有时又会想，为什么要去"构成被关注的焦点"？艺术家对这个世界有所感悟，他选用自己所钟爱的艺术形式加以表现，这是他生命的物化。就像开在深山老林里的花朵，不管是否有人关注，她都要开放。从这个角度而言，是否能构成焦点，并不能衡量某个地区或某个画家艺术水平的高低。

李：我们已经谈了不少，收获颇多。总的来说，你在上海乃至全国的这段比较戏剧化的历史时期里，看上去并不很戏剧化，始终与之不即不离，但却建立了你的一种别样的重要。在一片缤纷喧嚣的艺术生态中，你光而不耀，无为而治，做着自然而然的事。其实，这就是上海的艺术家，你的代表性也许就在于此。

2003年

原载《海上油画名家实录·王劼音》，《上海艺术沙龙丛书》，上海书店出版社2003年版。

精神的风景
——王劼音作品简评

李旭

在同代人中,王劼音是一位优雅的沉思者,感性的漫步者。那些形式简单而意韵丰厚的画面,时常流露出他自由洒脱的心境。多年来,他用深厚的人文素养在作品中创造出别开生面的清新格调,令人印象深刻。王劼音的艺术精神中始终有着一种独特的原创力,他的作品,是智慧而幽默的涂鸦,画面上轻松的笔触,是思绪漂移的痕迹。他以返朴归真的态度,塑造着兼有象征和表现特色的"第二自然",我称之为"精神的风景"。

植物和风景,或者说花卉和山水,一直是王劼音作品中最重要的形象,这些形象源于自然,也反映着艺术家内心对自然的向往。多年以来,他在创作中远离了社会化、意识形态化的议论,在主题上保持着"为艺术而艺术"的纯粹态度。他是一位以视觉为表达方式的诗人、歌者和旅行家,那些精神的风景正是他在视觉探索之旅中恬淡、孤独而自由的沿途记录。

《精神的风景》画册封面

王劼音是一位杰出的版画家,在他的油画和水墨作品中,我们仍然可以清晰地看到,拓印、喷涂、装饰味、构成感……这些因素都来自一双擅长版画创作的手。他的学术修养非常深厚,原始艺术和西方现代艺术都曾带给他至关重要的启示,而青铜纹饰、青花陶瓷、蓝印花布、木版年画等中国民族、民间艺术传统潜移默化的影响,则引发了他对心灵故乡的回归。这不是对传统图式的表面化描摹和单纯的致敬,而是视觉的探索在漂泊流浪后的形而上回归,从他并不安分的一系列绘画实验中,我看到了一种来自中华文化基因的诗意和乡愁。

2007年,在张江当代艺术馆内作画

一个国家、一个民族的艺术传统如果要薪火相传,既不能恪守固有的图式,也不能照搬他者的面貌。对任何现成符号的借鉴都是容易的,最难的是创作者在精神层面上充满自信的同时,能够顺利地实现视觉语言的当代化转型。石涛所谓的"笔墨当随时代",对任何时代的艺术家们来说,都将是永恒的考验,其难度是不言而喻的。王劼音尽管是一个"架上画家",但他却一直对当代艺术充满了好奇心,在传统和当代之间,这样的态度令他的思想不断焕发出年轻人般的活力。王劼音认为,在学习传统之后必须还要有开天辟地的精神方能有所收获。近十几年,在他充满文人气息的诸多系列新作里,我看到了很有说服力的成就。

得悉王劼音先生的作品要结集出版大型画册,特此为文以贺。愿读者们喜爱这个兼具传统和现代特征的艺术家,更愿他在未来的岁月中持续地为我们呈现出极富魅力的全新创造。

精神风景箴言
——关于王劼音油画近作

李 超

在画室中创作

在十年前我曾经以"架上贵族"为题，评论过王劼音的油画，代表着我对这位良师益友多年的印象。多年来，在诸多的展览和画册中，不断看到富于高贵气质的大雅之作出现，令我时常感受到他的艺术中，那种与生俱来的人文情怀和优雅唯美的亲和之力。他的作品犹如他的为人，真实地叙述着画家的过去和将来。"架上贵族"之说，不仅由于其雅致的作品形式语言的生动，更在于其内在精神中饱含着素朴而高雅的品格。现在看来，他的艺术之所以称为"架上贵族"，就在于画家为我们真诚地呈现了独特的精神风景。这里有学院体系的积淀，又有传统元素的提炼，更有个性历程的选择。我相信王劼音的艺术是一个时代的缩影，因为在他艺术智慧的背后，蕴藏着丰富的人生情趣和哲学。

自20世纪80年代以来，王劼音已经作为一位独具风格影响力的画家，逐渐形成在版画和油画方面的敏锐探索的锋芒，特别是在其油画创作中，自由地显现着架上绘画新的理解和意向，那就是形式美的发现和表现。他逐渐从他早年学院时代和中年探索时期中，寻找到新的艺术突破点，在他所描绘的山居和百草的众多图象之中，寄托着画家的这种才情无尽的艺术语言和情感。并以此逐渐确定了他的艺术中虚构的景物，幻化出他心灵的意象，这使得他的精神风景具有了深厚的意涵。他的才情、阅历和理想，已经生动地蕴藏在画家表现的图形和色彩组合之间了。

架上绘画自舶来而东渐，自是从画法到观念渐已深入中国现今画坛。前者属学院派体系维系古典传统在今天的再度发现和继承，在形象的绘画里获得写实风格的延续；后者则为在现代思潮的感应下实施现代视觉形式的创意和突破，在绘画的形象中求得精神心灵的投射。王劼音在我看来应归于后者。他以自身可贵的才情、修养和洞察之力，独辟一径地使架上艺术在视觉形式上获得新的风格发现。

记得晚年毕加索曾有"绘画有待发明"的箴言，表明艺术形式的发展自有自律所在。劼音绘画形式的尝试，不止于视觉感官的"游戏"，更是其真诚而稳健的艺术态度的物化，油画便为其集合其艺术感悟的重要手段和媒介。当然，劼音的架上探索不同于反向于传统的前卫突击和观念张扬，其时常摄取素朴的景致物象构造其意象的格式，并通过装饰变形的表现性处理幻化出优雅超然般的画境，内敛而神妙，沉稳而洒脱，在形式的营造间求得自我精神的补偿和栖息。这种不事外向渲染，而致力于"画内之功"的难得画品，使得劼音作品的每一处都呈现着其优雅气派的自然流露。

风景习有的知觉经验发生着解构，行云和流水，人畜与遗构，渐而具备了样式化的纯度，此得益于作者将传统架上形象实施观念的变通，将形象向语言进行转换，精神向符号进行过渡，因而构成了本质与现实无关的心理空间。隐约感应着他所热衷的都市生活，渗透着他所热衷的诗意感觉，这便是其独到的艺术工作的支点。

在自由的心境之下色形铺陈，类似随意展开，然在非主题性和商业化的母题之外，却有着严谨不苟的形式意味中心。长年相积和与生俱来共存的修养和秉性，厚积而薄发于其创作过程之中，潜移默化地左右其艺术思维中随机而制色形的契合，随时捕捉和固定着形式语汇的到位，因而画幅意象的萌生和确定基本同步于形式的处理和讲究。这种纯粹化的过程正是王劼音形式擅长的优势，导致意象和形式的不断发生多种灵变的综合。独特的视象图底关系赋予硬边处理，通过装饰化的色层、线条的穿插和铺盖，进行肯定和强化。这其中版画语言中偶见稍纵的肌理刮涂和染赋，又常常使劼音形式的过程在趣味中渗透出多处实验的印迹。这种感性和理性的呼应，想法和做法的互补，使得景物和花卉之类的日常形物，嬗化为王劼音所热衷的形式载体符号，渐而成为其艺术风格亲近动人的标志和纽带。

留洋前后的劼音，是否是其艺风划分的一种标尺，常常是我观其艺的视角。在其前期热衷的版画形式创制里，事实上潜伏着劼音不自觉的形式势能，版印前后的画面效果，已经习惯地培植起他对多种形构的灵性把握，这种技巧向形式意味的过渡证实了画种所囿无法过早对艺术探索的格局进行定位。留洋之后随着其艺术阅历和感受的深入，似乎更加完整地调动其潜在的能量，形式中视觉传达所致的现代韵味，已经具备了其勇于破除画种界限的自信。版画式油画，抑或是圈内同仁对劼音艺术的一种善意错觉，然而这种错觉约定俗成却是基本构成和总和了其架上的光荣。因为优越和迷茫往往形成了风格的两极，创建和突破都需要艺术家的冷静、勇气和自知之明。现在，劼音以其独到艺术状态涉入油画的架上空间，细微的色形处理获得了局部空间的多变和灵动，敏感的语汇组合具有了形式意味的沉静和隽永，长年而积的绘画体验和习以擅长的版画制作，使得他对传统纷复的油画语言体系，实现了明智的切入。这种形式语汇的嫁接和再生，换来了他今天可贵探索的心得力作，这一成功实质上是其优雅的心态和坦诚的作风，完成了其人品和画品的沟通所致：今后所面临的艺术命题又将是突破既成的现实，在油画语系中更为深广地触及材质和制作、形式和精神诸种环节，致力于油画在现代视觉文化中丰富表现能力的进一步开拓和发展，我想这正是和劼音彼此共识之处，因为他的风格前景将为所有朋友诚挚以盼。

写意化油画，又是王劼音近来艺术探索中的一种重要倾向。他的油画近作，现在多转向中国意象和韵味的表现，他在形式语言的创造之中，试图借用风景油画中传统图式因素，置换其中古典的内涵，而进一步变体出他对油画形式语言新的结构方式和表达方式，并进一步由此深化为在架上绘画之中，实现图式方面的人文内涵

在画室中创作

的再度架构。写意化的人文架构,导致画家们对于人文环境的图式得到了恰如其分的心理投射,他们的希冀、理想和期盼,使得他们眼前的景观再度"复活",变成了作品中的视觉符号,而这些符号正是在画中的"如画"的架构。这方面的特点,在王劼音的作品中,赋予了油画创作新的人文意味的表现。在这种艺术的架构中,画家通过二维平面的图形与色彩的结构,来提炼景观空间的文化内涵,感应架上油画艺术造型中对于文化资源引用和创造的思考和探索。

在王劼音近来的画册中,有一本以"精神的风景"为名的。我以为这点到了王劼音艺术的某种品质,赋予了画家更高的起点和更大的视野。相信精神的风景是无疆的,因为中国自古迄今素来是名家多于名画,画外之功的展示又时而掩蔽了画内之功的发现。从以前的"架上贵族"的议题,到现在"精神风景"的感悟,随着时间的推移,王劼音的油画又一次显现出生命不息的画内之功的创造力。并不是以纯粹的唯美重复自己,而是以精神的风景拓展自己。换言之,宁静而致远,应该成为中国画家可贵的生命体验和精神财富。由此而见,王劼音的艺术事实,重在令人领悟中精神风景的箴言,其裨益正在于兹。

原载《艺术当代》2008年第4期。

无何有乡：混茫圆融的精神家园
——王劼音绘画作品述评

美术评论家　龚云表

一

不管是早期的版画，还是这些年来的油画，抑或是近年来的国画，大自然风景、山水、花鸟，诸如此类，始终是王劼音艺术创作的母题。大自然作为审美对象，在王劼音的眼里，通过自己的文化积累和审美活动，发现、唤醒和照亮了大自然的美，使它从客观的物象变为主观的表现，包含着人文意蕴的审美内涵。审美就是发现，发现就是创造。王劼音的作品，有时尽管仍保持着客体可以辨识的某些基本形态，但细节结构、色彩赋形等等却与大自然的客观形态相去甚远，画面上那些洒脱率性、不拘成法的线条和色块，奇崛险峻的构图，以及色调和色彩的对比，已迥异于大自然，但却强化了大自然的节律和生态对人的心理影响，创作出他风格独具的"精神的风景"，一个蕴藉着混茫圆融意境的"无何有乡"。

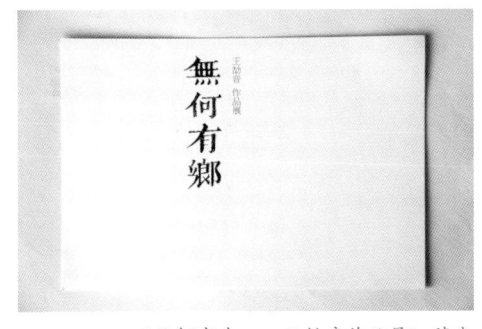

《无何有乡——王劼音作品展》请柬

"无何有乡"者，子虚乌有之地也。它尽管在现实中难觅踪影，却是人们梦中的理想。"无何有乡"会令人联想起陶渊明笔下的"桃花源"："草荣识节和，木衰知风厉。虽无纪历志，四时自成岁。怡然有余乐，于何劳智慧。奇踪隐五百，一朝敞神界。淳薄既异源，旋复还幽蔽。"这是一个何其理想的境界！且看清代大画家恽寿平是如何解读"桃花源"式的"无何有乡"的。他在《南田画跋·瓯香馆集》卷十一中说："桃源，仙灵之窟宅也，缥缈变幻而不可知。图桃源者，必精思入神，独契灵异，凿鸿蒙，破荒忽，游于无何有之乡，然后溪涧桃花，遍于象外。"王劼音的绘画作品，为我们呈现的，就是这样的一种现实中无、而又存乎人人心中的"遍于象外"的"无何有乡"。

二

王劼音的绘画作品，将中国文人画对笔触的感觉、版画的拓制感觉和涂鸦的随意性感觉等融于一炉，呈现出浓重的文化气息。这种"气息"并不是简单的拼接，而是纠缠交错、交相融合在一起，是在绘画技巧和文化内涵上的一种熔铸和提炼。

王劼音的油画作品中对色彩和色调的诗性把握，成为他作品风格的重要特征。他所运用的色彩，基本上没有自然的固定色，更多的是在画面上铺陈各种主观色彩以及由此组成的综合色调，以表现自己的情感。他惯于将色彩统一在一个朦胧而又和谐的或绿、或紫、或青、或褐的灰色调子中。他很少用纯度和明度高的颜色，从而脱尽了明亮色彩的喧哗，恰到好处地表达了宁静与诗性的梦幻般的境界。他的作品，没有宏大的构图以及全貌式的远景，画面处理多以局部的诗意追求为美学特色，强调寓情于简约，注意小中见大，以少胜多，用高度概括的绘画语言传情达意、抒泄胸臆。

将王劼音的油画称之为"文人油画"是十分相宜的。他将我国源远流长、传承有序的文人画中的"神韵""野逸""简淡""朴拙"的审美旨趣,以及崇尚表现的"混茫圆融"精神境界集于一身,以"兼济"之才、"独善"之志,建立起他油画作品的文化品格,形成了他有着独特风格的"文人油画"。

"混茫圆融"之境,是生命充满和谐的呈现,非仅仅以形式所能拟议。晋人葛洪在《抱朴子》的《外篇》中说:"夫混茫以无名为贵。"而在《内篇》中又对"混茫"作了进一步阐述:"经乎汗漫之门,游乎窈眇之野。逍遥恍惚之中,徜徉仿佛之表。咽九华于云端,咀六气于丹霞。俳徊茫昧,翱翔希微,履略蜿虹,践跚旋玑,此得之者也。"王劼音汲取造化活泼的生机,创造出他心中的大自然,而其最终的审美旨归便是建构起"混茫圆融"的精神家园。这也是王劼音"文人油画"的审美内涵。

三

王劼音近年来创作的国画作品,极具创新意识地为我们呈现了一种以线条、墨点和色块组成的极具个性化的图式,同样深蕴着"混茫圆融"的审美内涵。在他的"异形花卉"系列作品中,勃发劲健的线条和宽阔有力的笔迹,以一种书法用笔的"线意",对画面进行了交错分割,在留下的给人以联想的一片虚空中,则填以浓淡相宜的墨点,既产生一种视觉对比,更达到了"淳薄既异源,旋复还幽蔽"的意蕴。在"山水笔记"系列作品中,线的因素已基本上转化为块面,仅仅保留了勾勒极少形象的轮廓线,大面积的墨色和水墨圆点构成的空间,更多的是着意于在酣畅华滋的墨韵背后"独契灵异"的混茫圆融的内涵。而到了"原点图像"系列作品中,已很难或无须用传统中国画的概念对其做出界定,这里已完全摒弃了线条,只剩下用渴润浓淡各异的水墨圆点铺陈画面。这些水墨圆点,正如郑板桥所说:"忽焉而淡,忽焉而浓,究其胸次,万象皆空。"看似有着更为鲜明的形式感,却已超越了形式的审美情趣,赋予了精神的意蕴;看似混茫一片,却都由生命流荡而成。所谓"原点",并非只是对水墨圆点的指称,更是蕴含着回归艺术本源的深意。

在王劼音国画作品中出现的水墨圆点,或许有其深意存焉。"圆"是中国文化中的一个重要的精神原型,体现了中国人的宇宙意识和生命情调,呈现出充满圆融谐和的精神境界。在我们眼里,这些水墨圆点或许是漫山遍野绽放的花蕊、悄无声息随风潜入的雨露、直下万仞跳腾飞溅的水珠,抑或是铺满天际云蒸霞蔚的烟岚、峰峦壁崖攀藤爬蔓的绿斑……但或许都是又都不是,它们只是王劼音心中的大自然的一个符号。这些"水墨圆点"已被他赋予了"形而上"的意蕴,用以建构他心中的"无何有乡",从更高更深的精神层面上反映出了人与自然的关系。

王羲之有诗云:"群籁虽参差,适我无非新。"王劼音从不满足于既定的创作模式,不断用新的方式来诠释和表现自己,艰苦跋涉在弃形写意、抒发性灵、凸显个性的创新之途上。而作为创作主体,他也在与大自然的交融中发现了真实的自我,生意滔滔,精神四溢,打开创造的闸门,为人们提供了一个存在于人人心中的"无何有乡",一个"混茫圆融"的精神家园。

原载《美术》2010年第7期。

访谈录

问：您是版画家，后来又画油画，现在又进入当代水墨，跨度很大。我很好奇，你是怎样实现这种跨越的？是否和国际上不分画种的潮流有关？

王：国外不分画种界限，于是大部分人认为，中国也该取消画种界限。一切按洋人的标准行事，已成为今日国人的习惯。

一个艺术家可以毕一生之功精研某一画种，当然也可以游走在画种之间，顺其自然便好。我不喜欢固守某一画种，这或许和我的经历有关。我学习美术的路比较杂。少年时进上海哈定画室，后又考入浙美附中，中途因病休学，再转入上海美专预科，加起来读了五年半的附中。毕业后又升入一个很奇怪的上海市美术训练班读大学，学的是工艺美术。毕业后进工厂搞商品设计，同时还参加工人业余创作活动，开始了版画创作生涯。"文革"后调回母校，在工艺专业教素描。1986年赴欧，在维也纳美术学院学版画，而在维也纳应用艺术大学则进修油画。回国后因了某些偶然的因素慢慢转入油画，退休以后又不由自主跌入水墨画的诱惑之中。我是个漂泊者，在画种之间漂泊，虽然这种漂泊并不是我的主观选择，却几乎是命中注定。

问：您的绘画手段总在不停地转换，一直都有新的尝试和突破。这样多画种的转换，给您的艺术带来了什么样的影响？

王：一个艺术家经过长期的努力，慢慢形成了自己的风格，得到社会的认可，有了一定的地位和名气。这时很容易进入一个惯性运作的状态，表面看来十分风光，实际上内在活力在逐步消退，创作激情在不断弱化，陷入创作危机。

近来在纪念改革开放三十年。三十年来，上海画坛出现了不少勇于冲破旧规的开天辟地式的画家。现在这些人虽然功成名就，却面临新的挑战。如果只是重复自己已有的成果而没有发展，丧失了前行的能力和动力，那么就会变成新的"行画"家。这一点正是我常常自我反省的。

历史上许多强大先进的王朝，最后却被周边的"野蛮民族"征服。侵略固然是直接原因，但内部的停滞不前却是根本。有些艺术家则能不囿于荣誉，跳出此圈，始终保持艺术活力，如毕加索、齐白石等，这就是大师。

我从一个画种转入另一个画种，会碰到许多困难和阻力。如第一次画水墨，墨汁碰到纸上，即刻化作一团，我不知如何应对。然而，正是这样的困难和阻力，激发了我创作的激情，打破了作画的庸常状态，使画画变得分外有劲。进入新的画种，实际上是找寻一种陌生感，或许有助于克服思维的僵化。

问：您和西方艺术家一起工作，有些什么特别的体会？

王：我发现中国画和中国人的基因密切相关。我有一年到国外去，和外国人一起画画。外国画家的身体多好，像牛一样，晚上喝酒跳舞到半夜，而我根本就吃不消。

他们的精力太充沛需要发泄,如果没有刺激,他们会生病的。我认识一个德国版画家,他是德国拜罗伊特一个博物馆馆长,我们在做版画的时候他却休闲得很,但有一日他忽然弄来很多门板、旧木板,然后赤膊短裤,用电钻、电刨在板上折腾,那时我在想他这么大的板怎么印呢。他刻好后用压路机压过去,一张版画就出来了。这样的版画是很有冲击力的。我们中国人,尤其是江南人都很柔弱文雅,和他们区别太大。所以我想和他一样弄是没意思的,我躲在角落里静静地画淡淡的水墨画,和他们拉开了很大的距离。他们不明白这个神秘的中国人所做的事情,水墨画带给他们很大的震动。倒不是说我画得好,但我的方向是对的。因为人不一样,你弄不来人家的东西不要去硬弄。

人种不同,你和他们拼这种东西是不实际的。外国很多大画家都是吸毒啊,明天跳楼啊,都是很爆发的心态。相对来说,中国的修身养性、中庸之道和中国绘画都是一脉相承的。

其实年轻时我对中国传统没什么兴趣,不要看中国画,崇拜列宾、苏里可夫。后来到了西方就不一样了,和外国人一起画画之后改变了我的想法,找到了自己的位置。许多中国画家到了外国才认识了中国文化的可贵。

问:有人称您的油画是"文人画",但我们平时所指的"文人画"特指那些把绘画当作爱好与修行的中国古代士大夫所作之画,强调的是文化性大于绘画性。对此您有何见解?

王:我是个自由散漫的人,没有什么宏伟的抱负,既无明确目标也没有科学的规划和策略,只是喜欢画画,图一时之快,放笔画去,糊里糊涂走到今天这一步。因而不太在意自己被归于什么流派,这是理论家的事,和艺术家本人关系不大。至于说到文人画,正如你所说文人画的文化性大于绘画性。即和技术相比,更重视气质、修养。昔日文人画家其实是业余画家。和专业画家相比,业余画家不一定有绝技在身,但却有另一种优势:朴素、自然、散淡而不做作。文人画和今天这样一个光怪陆离的物质社会距离是越来越远了。然而,或许正因为如此,文人画的价值反而得到彰显。古代文人往往和主流政治不合,自己的政治理想得不到实现,为在政治与体制的权力之外争取更多的独立空间而遁入文人画。今天新的权势如市场和时尚,与昔日皇权相比,虽不再会动辄取人性命,但对人的思想之禁锢,并不亚于皇权。或许文人画又能成为今日知识分子的诺亚方舟。我曾读到一篇课文,说德国某市法庭开庭,所有人都到齐了,独缺法官。后来才知道,他和几个好友放弃了城市的优越环境,到希腊的一个小岛去过农耕生活,为的是逃避现代文明社会的纷繁与功利。

问:您认为全球化潮流中中国传统文化的处境如何?

王：前些日子我去南艺开会，他们在谈论水印木刻，很多人对传统水印木刻的前景抱悲观态度。我认为不能把传统的水印木刻和现在搞的双年展看成是一个对立的东西，其实他们是文化圈里的一个整体，相互之间呈现互补的关系。如果没有全球化也不会成立木版水印研究中心，100年前不会有人想到要这样做。就因为大家觉得现在全球化越来越厉害，觉得这个东西很要紧，不好好弄就会消失。正是全球化促成了对民族传统文化的再认识。一个人的民族性是根深蒂固的，将来会有很多年轻人思考这个问题，而不是我们几个老头、老太太在那里呼吁。比如现在有很多人想到修订家谱，要寻根；再比如现在赫赫有名的莫干山路创意园区，那些苏州河边的老厂房，正是年轻人在那里奔走呼号，才得以保存下来。这些现象都说明了相同的道理。

这里说到对传统文化的研究和保存，要区别一个艺术家和一个博物馆的研究员是不同的，研究员着眼于保存，而艺术家却着眼于创造和发展。

中国画的传统其实是个流动的过程，不能把传统看成死的程式。凡是在艺术史上留下来的人，必定是有创造性的人，是开天辟地的人物，我们要学习传统的程式、手法或某种技术成果，但更重要的是学习过去大师们开天辟地的精神。另外，真正的继承，一定要发展。只有发展了才是继承了传统。如果一招一式都模仿某个大师，这不是继承，而是仿制。

问：您怎样看待传统文化与当代艺术之间的关系？

王：我主张脚踏两条船。我有一篇文章提到："一只眼睛还要看当代。"不是说我画国画的要当代了，就改行去做装置、拍录像、搞当代艺术。记得有一位旅居海外的中国音乐家说："我们中国音乐家很有优势，我们有两手，不光是中国的还有西方的，但西方艺术家只有一手。"我觉得现在绝对保持传统和当代无关是肯定不现实的。你毕竟在大环境里。本来一百年前中国人不知道人家在干嘛，现在知道了就不会像以前那样生活了，所以肯定会有变化。但不会和西方一样，方式都会有所不同。王元化先生说"要以西方为参照，不以西方为标准"，讲的就是这个意思。

我在与当代艺术家接触中学到不少东西，得益匪浅，不少朋友对当代艺术天生反感，这种反感来源于惰性。人们喜欢生活在自己习惯的天地里。相对于一些朋友和同事，我稍微平和一些，因为我的一只眼睛是看着前卫艺术的，会发现自己的局限和思维的盲区。要关注当代艺术，因为可以从中感悟到一种当代精神，感受到强烈的创造欲望，这正是我们最最缺乏的东西。将来真正有建树的人，一定是那些学贯中西的人物。上世纪初中国文化方面的不少巨匠都是这种人物，既有深厚的中国文化根底，又留过洋，通外语，懂得西方文化。

传统和当代并不是死对头。举个例子，我在美国大都会博物馆里看到过一幅中国古代壁画，非常震撼，和这个现代博物馆的气势十分吻合。事实上，架上艺术未必不能进入当代，当代艺术中包含了架上艺术。此外，我也不认为架上艺术会死亡，即使架上艺术有一天死亡了，也没有什么了不起。正如人都知道自己会死，但每个人都高高兴兴地过着每一天。

　　问：您前面提到"行画"，大约是指商业性绘画，您如何看待目前艺术的商业化和娱乐化倾向？

　　王：可以预见商业和娱乐会称霸全球，势不可挡。无论是奥斯卡评奖，还是足球世界杯，甚至美国总统选举，都离不开商业操作。将来"行画"或许会成为画坛主流。现在画家们一般不承认自己是"商业画家"，将来恐怕"商业画家"会成为人们乐于得到的一个头衔。其实在电影界，张艺谋就从来不回避自己是拍商业大片的大腕。然而直指人类心灵的艺术大约是不会消亡的，一定会有艺术家不愿且不甘于臣服金钱的统治，追求精神的价值回归。这些人或许终身孤独，但会在历史上留下自己的痕迹。

2009 年 9 月

在画室中创作

优雅的间离

尚 辉

王劫音个展海报

王劫音是写实绘画与观念艺术混搭时代逆向而行的艺术家。不过，他的这种逆向性，既不是刺目暴力的抽象表现主义，也非颠覆架上绘画的新媒体艺术或观念艺术，而是在当下综合材料的探索中对于中国画精神的回溯和对于意象审美的创造。这正像他的创作，总是和现实世界的视觉真实形成优雅的审美间离一样。

受主流艺术思想的影响，自上世纪90年代以来，中国绘画以具象写实为主体。这种创作趋势，既和85美术思潮对于现代主义的追逐不同，也有别于新中国以来形成的主题性写实主义美术样式，而是在新的全球化视野中对于具象写实绘画的中国创造。这种具象写实绘画主体的形成，无疑以新时期以来中国美术教育体系为依托、以表现现实生活为基本美学观念、以传统写实绘画对于现代性与当代性的融合为主要学术探索路向。相对而言，在自上世纪90年代以来而形成的这种美术潮流中，中国当代美术也减弱了对于现代性绘画的本体探索，甚至于当代艺术的勃兴与阵容，都远远大于这种现代性的前卫特征。在当下中国美术的各种大展中，现代性的绘画创作有时只作为这些视觉盛宴的一道配菜，而没有在这段历史中的主体地位。这种历史的缺憾，或许因为王劫音的艺术探索而得到某种补偿。

和在具象写实中表现当代的视觉形象不同，王劫音的视觉资源无疑来自于心象。但他的创作，既不是再现自己的幻觉与梦境，也不是探寻隐藏在世相中的抽象结构与形式，在如何编织自己的画面形象方面，他只是借助于审美客体的经验化的形象，如花瓣、花叶、如山石、树木，等等。作为经验性的对象形态，花卉与山水在他的作品中并不具有个体性，这些花体山形只成为他进行画面形色分析与意味营造的符号。但他的作品并不因符号的简单而成为经验的复述或程式的复制，他的难点，恰恰在于在这种简单的符号中创造丰繁的意象，在于在每幅作品中表达并不相同的审美体验。就此而言，激发他创作热情的或许和具象写实绘画大抵一致，那就是感于璀璨灼华的生命绽放，慨于百味人生的世态炎凉；但当他表达倾诉这些感慨时，却经过心灵视象的转化，仿佛心灵视象成为现实物象的转换器。他的艺术创造，便体现在如何间离这种现实的视觉图像。

想象，无疑是这种间离现实的重要思维方式。王劫音的想象不是幻化成新的形象，而是让这些简单的符号形成丰富的意象，尤其是通过色层、滴痕、肌理和涂鸦般的线条构成一次次新奇而独特的视觉体验。其实，他的画面色调也被限制在石青色、灰褐色和米灰色等有限的几种调性内，但他却通过被稀释了的丙烯在画布上的自动性渗化、轻松随意的横扫薄涂和意态绰约的硬笔线条来形成变化莫测的色层、斑痕与肌理，从而让人玩味这种没有技巧中的技巧、漫不经心中的意匠和不塑造形象中的意象。在他的作品中，语言既是他创造想象的翅膀，也是赋予受众想象的羽翼，语言本身成为一种精神的直呈。

实际上，王劼音对于心象的捕捉也是有视觉资源的。譬如，他偏爱的石青色、灰褐色和米灰色等有限的几种色调，多半借鉴了敦煌壁画历经千年而形成的图像。这种图像色调已滤除了人间的烟火气，显得古朴苍凉、绵柔典雅、底蕴丰厚。在某种意义上，王劼音通过简约的画面图式而传递的无穷意味，无疑来自千年壁画弥漫出的古朴沉着的气息，是这种气息赋予了王劼音心象以历史的厚度。再譬如，他对于滴痕斑渍、薄涂笔触与硬笔线条的兴趣（这几乎构成了他作品的语言主体），有些接近街头巷尾的涂鸦。这种被严肃艺术看来有些不入流的图像却被他借用到画面中，并和中国画的写意性有机地结合在一起，形成了诙谐与庄重、自由与谨严、发泄与抑止的冲突和对比。还譬如，他画面中反复运用的渗化、滴流、薄涂、覆盖等由语言本体形成的图像，都借鉴了水墨、水彩、油彩、丙烯、麻布、触碰、粘连和刮痕等多种媒材与媒介的物质属性，画家借用这些媒材与媒介的物质属性来形成语言上的对比和变化，由此替代形象的塑造性与形象的表意性，让物质属性本体由原来的图像信息载体转化为图像信息本体。

"无中生有"画展现场

当然，这些图像资源为何成为王劼音的心象，或者说，这些图像资源如何被画家选择并整合为一种心象的表达，的确也更深刻地揭示了艺术主体的精神向度、人格品性以及地缘文化的作用。作为中国油画的摇篮，上海无疑是中国近代西洋绘画引进与传播的中心。富有意味的是，无论是生活在这片土地上的第一代油画家，还是延续到后来的数代油画家，大凡能够在上海这种海派的文化环境里生存下来并取得较高艺术成就的艺术家，都会携带着极其浓郁的海派文化特征。在绘画上，这种特征往往表现在对于西洋绘画中那些注重主体精神发挥的现代性或具有现代性倾向的油画流派的选择，把表现自我、抒发灵性放在首位，并由此和自古以来就形成的精致典雅、风流蕴藉、阴柔含蓄的江南诗性文化相对接。在某种意义上，这些画家都抵触艺术的教化性与严肃性，尊崇艺术的自我表现与审美性。如果说从刘海粟、林风眠、吴大羽开始的海派油画是从后印象派到立体主义的江南诗性绘画的探索，那么，王劼音的油画则试图从隐藏物像的角度对间离现实世界，并通过媒介的综合性让材料语言本体呈现诗情的意象。显然，王劼音在江南诗性的文化上承继了前辈油画的审美特征，但在如何表达上则形成了自己的话语方式与个性腔调。和体现江南地缘文化特征的许多艺术创作一样，王劼音并不单纯注重画面上的经营。在他看来，艺术创作就是艺术主体的人格修炼与品位升华，而作品只是这些主体精神的冰山一角，是艺术家人性情怀的对象化。

在写实绘画图像化越来越严重的当下，在观念艺术用图像记录与凝固他们的思想创意的时代，王劼音以间离现实的绘画性来表达他逆向性的思维，而这种逆向性恰恰体现了一个有思想、有识见的艺术家的人格独立和对于艺术的独特理解与创造。他的创作本身就是对于现实社会优雅而审美的间离。

2012 年 2 月 15 日
于北京 22 院街艺术区

节选自尚辉：《优雅的间离》。

生命的底色
——试析王劼音的绘画艺术

方志凌

一

真正激动人心的艺术是无法用语言形容的。当我一次次试图描述王劼音的《芳菲三月》带给我的"审美的愉悦"时,我就一次次更深地体味到文字的苍白无力。因为,相对于作品给我的强烈而独特的直观感受,无论是"层层厚积的斑驳色痕,不经修饰的率意笔触,以及自然流畅、生意勃发的线条的完美组合"这样的形式描述,还是"文雅而又隽永的文人气息,孤独而又浓烈的生命激情"这样的内涵描述,都像是一些似是而非的习语。《芳菲三月》的视觉语言其实算不上新颖:以现代构成法则为内核的图像结构,以不加修饰的线条、笔触与种种随机的笔痕层层累积而成的绘画肌理相结合的视觉趣味,再加上那介于具象与抽象之间的"意象形态",这几乎是滥觞已久的"中式表现主义"的完美范例。然而,与那些以完美的语言形式为终极目标的"中式表现主义"绘画不同的是,在这幅不大的作品中,不仅有一种动人的文雅气质,还迸发出一股不可遏止的生命豪情——正是这些,使《芳菲三月》焕发出只有那类真正杰出的艺术作品才有的透脱的灵性。

《云起·王劼音作品展》请柬

二

2000 年,当王劼音创作出《云气》《雾山》以及《花卉图谱 176》等作品的时候,他特色鲜明的"意象"绘画已经相当成熟了:他以点线面的构成、率意的笔触以及随意皴擦的笔痕这类抽象的视觉元素,重构"云""山""花"等自然景物;更重要的是,这些作品都呈现出一种激情勃发的生命意象——这是一种在 20 世纪 80 年代一度流行,如今却俨然隔世的淳朴的生命意象。

而在 2003 年的《山居图》《云林诗意图》等作品中,王劼音显然有意强化了与中国传统绘画的关联——与前一阶段的"自然景象"相比,这些作品的"意象"已经悄然"山水"化了——不过,他的《云林诗意图》并没有模拟倪瓒一河两岸、枯树荒亭的经典图式,真正相通的其实是以"草草逸笔"写"胸中逸气"的感怀方式:倪瓒萧散的逸笔写出的是一位不堪世事滋扰的"高士"的冷寂与孤傲;而王劼音以视觉游戏般的逸笔,抒写的则是在纷扰的时世里备受冷落的生命热情。

对这种浪漫的生命激情的强烈抒发,在 2006 年的《芳菲三月》、2007 年的《秋山诗意》那里达到高潮。在这些作品里,"花卉"与"山水"既不注重对自然景象的视觉重构,也不强调对传统精神品格的比附,而是自我勃发的生命激情与"花""山"的"神遇而迹化"。作品素朴而华滋的色调、逸笔草草而生机勃发的笔意以及激情

2013年,在"视平线"创作天顶画

奔放的生命意象,自然融汇为动人心弦的天籁之音——在它们高亢而醇和的音调中,不仅满溢出个人的敏感与激情,也隐含着他那一代人很本色的精神体验。

三

也是在2006年,"水墨"开始成为王劼音"钟爱的形式"。事实上,王劼音对待语言媒介的态度一直都是很开放的——学设计出身,版画却很快就成为他的"主业",而在作为一位杰出的版画家而备受瞩目的时候,他却早早开始了对油画语言卓有成效的探索。于是,进入新世纪后,架上绘画又顺理成章地成为他主要的艺术形式。对此,他这样解释道:"所有的媒材都是我的玩物,我在艺术上是一个无政府主义者","艺术家对这个世界所有的感悟,他选用自己钟爱的形式来加以表现,这是他生命的物化"。就这个意义而言,在"水墨"这种"新媒材"背后,必然隐含着他对世界的新感悟。

毫无疑问的是,"水墨"与他的油画创作密切相关:一方面,"古典山水""大山水""梦花缘"这些的新主题,正是前一阶段"山水""花卉"主题的自然演化;另一方面,"水墨"的根基仍然是现代的形式语言,它们并没有遵循"国画"那套独特的"语言范式"。但这并不表明,在王劼音那里,"水墨"只意味着"墨色"和宣纸独特的"渗化"效果。与同期的油画创作相比,他的"水墨"显然更注重深厚的民族底蕴与个人心灵经验的融合——与《芳菲三月》《秋山诗意》的直抒胸臆相比,无论是清润素雅的《古典山水》、氤氲磅礴的《大山水》,还是展现出解衣盘礴的气势的《梦花缘》,敏感而浓烈的生命激情,最终都融化在中国文化传统特有的一种萧散、淡泊的视觉情韵中。

这种"水墨"的"感悟",随后也全面渗透到王劼音的架上绘画里:"墨色"成为他最钟爱的色彩基调,线条、笔触和绘画肌理都凸显出"渗化"和"书写"韵味,而更深刻的变化还是作品内在的精神氛围:与《芳菲三月》对自我浓烈的生命激情的率意抒发相比,《白石禅寺》《花卉374》《苍岩简屋》等作品,似乎重在以幽深、淡泊的视觉语调,重构一种韵味悠长的审美客体。个中差别,颇似中国传统绘画中所谓"有我"与"无我"的差别,就审美品格而言,则暗合了从"神"到"逸"的转徙。对于"钟爱的形式"总是"生命的物化"的王劼音来说,这样的变化并不意味着他对"传统"的膜拜与皈依,而更像是"自我"与"传统"之间的某种心灵契合。

四

对于出生于 1941 年的上海的王劼音而言,"世界"可谓屡经沧海桑田的巨变：从沦陷区到国统区、再到新中国；从十七年的社会主义改造到十年的"文革",然后又是三十多年来变幻莫测的改革开放。在文化与艺术领域,改革开放以来的三十多年,更是一个思想文化和艺术观念不断裂变的文化动荡时期：现实主义艺术体系的崩溃,"形式美"的兴起,接踵而至的是全面仿效西方现当代艺术的"85 新美术",90 年代以来则是以形形色色的"后"为表征的"当代艺术",进入新世纪后则是艺术市场的爆发、"70 后"的崛起,以及"国际金融危机"以来对"中国当代艺术"的暗潮汹涌的质疑……而在这个异常纷扰的时代里,王劼音一以贯之的艺术观念却是"自然"。

在王劼音的作品中,"自然"首先是对敏锐的视觉形式和浪漫的生命激情毫不做作的"自然"表达。这其实是他那一代艺术家的"时代本色"：一方面,新中国"浪漫的革命文化"形塑了他们浪漫的生命激情——对于改革开放之初已近中年的艺术家来说,宏大叙事的坍塌,不过是将这种深入骨髓的浪漫激情,从公共信仰转向更自由的个人体验；另一方面,"革命的现实主义"时期长久的视觉禁锢,则激发了他们对"形式美"的敏锐感知与探寻。

在美院教室

从王劼音独特的艺术历程来看,"自然"的另一层含义,则是他那本色的生命激情的"自然"演化：从洋溢在《林中小屋》《飞鸟》等版画作品中的对民间文化和传统意蕴的亲切而又神秘的情感体验；到《雾山》《西部》等作品中浪漫的生命激情与现代审美关照的相互激荡；再到《山居图》《云林诗意图》中激情的生命体验与传统文人孤寂、冷傲的生命感触的遇合；再到浓烈而孤独的生命激情在《芳菲三月》《秋山诗意》里的尽情宣泄；而在创作《古典山水》《大山水》等水墨作品的时候,率真的生命激情渐渐沉淀为淡泊而又隽永的文人情怀；及至最近完成的《翠微幽居》《苍岩简屋》,在高亢、醇和的视觉语调中,又明显蕴含着愈发苍劲、愈发纯粹的生命豪情……在"钟爱的形式"的自由转徙背后,其实是艺术家朴素的生命激情与纷扰世界日渐深入的碰触中的自我锤炼与升华。石涛晚年曾经写过这样一首题画诗："春草绿色,春水绿波。春风留韶,孰为不歌。"极为平实的语言、极为寻常的意象、极为朴素的生活情感,在这位历尽沧桑的旷世奇才独特的语调中,立刻迸发出一种至纯至性、向死而生的生命激情。我想,这也是王劼音那种种"钟爱的形式"之所以能够感人至深的地方。

五

即使对于那些既熟知传统文化的脉络、又有敏锐的当代视觉经验的观者而言，王劫音的艺术也是一个难题：他们很容易感知《芳菲三月》《苍岩简屋》这类作品完美的视觉形式和浓烈而又苍郁的生命激情，但在同时，他们大概也很清楚这样的艺术在中国独特的当代语境中的不合时宜——相对于人们对"更新奇"的艺术观念、形态的持续期待，王劫音的作品所呈现的却是语言的纯粹和内心体验的质朴。

然而，在最近几年持续发酵的对"中国当代艺术"的全面质疑中，其实预示了中国艺术领域即将面临的深刻变革：如果说从 20 世纪 70 年代末以来中国艺术的关键词是"当代"的话，今后面临的核心问题将是"中国"——在当代社会思想文化的框架中，从"中国情境""中国面孔""中国符号"转向中国更深层的精神底蕴、更独特的文化品格——这是一条需要人们不断回到更淳朴的赤子之心和更质朴的文化感觉的新脉络。而在这样的艺术脉络中，王劫音这种将纯粹的视觉语言、深厚的传统底蕴以及本色的生命体验，浇铸为一种苍郁而璀璨的生命底色的绘画艺术，必将展示出它们独特的价值。

原载《艺术当代》2014 年第 10 期。

"此外"的画外音

李晓峰

"此外",是王劼音为他的画展罗列的一堆虚词、语气助词中的一个,并定为他上海鼎艺艺术雅集活动的标题。

"此外",有"可是""然而"的转折意味,有未及其余的指涉,还有隐涵无限的超越性,也像遗漏的顺便补充——那个易被忽略、偶又想起的"其他"。

"此外"合乎王劼音一贯低调行事、平淡处世的生活态度,也贴切王劼音艺术观看的别样视角。王劼音把喧嚣尘世的利害争抢看得很淡,也尽量躲避,宁愿做个身处边缘的"其他",易被忽略的"此外"。在"随便""好说"的口头语背后,"此外"深藏着某种形而上的藐视和对终极的持守,抑或还寄寓了针对此岸的彼岸。

早在1956年,王劼音考入浙江美院附中就读,即将毕业时因病缀学,病愈后意外转入上海美校读了"大学"。王劼音戏称自己是"大学里念的中学,中学里念的大学",喻意了他阴差阳错的人生。当同班同学陈逸飞成为上海油画雕塑创作组(上海油雕院前身)的职业画家时,王劼音却被分配到上海火柴厂做了工人,这次的阴差阳错,让王劼音的人生经历了一场别样的现代洗礼。

集聚着上海乃至中国第一代产业工人的上海火柴厂,总让人充满联想,火柴厂与王劼音的版画创作有无关联?是否成为王劼音"点阵"水墨的诱因?命名为《原点图像》的系列作品又透出王劼音怎样的"原点"意识?我甚至想到盗火者普罗米修斯……火柴厂给王劼音的人生与世界埋藏下了原生独创的火种,积蓄了孤身奋进的能量,奠定了上下求索的厚度——这或许是我的诗意联想,却呈现了一种耐人寻味的"此外"。

王劼音1941年出生在上海霞飞路(现在的淮海路)的一个充满文艺氛围的知识分子家庭。他自幼立志成为画家,早年在著名的上海哈定画室学画,附中时到浙江美院严格的造型艺术训练,后转到上海美校学习工艺美术。火柴厂的十年,适逢"文革",他参加了上海市工人文化宫的工人版画组,艺术才华浴火重生,虽时运畸形,却由此被世人认识,至今很多人还误认为王劼音搞版画出身。

"文革"后,王劼音回上海美校执教,还一度借教上海戏剧学院美术系。1983年上大美院成立,他又被安排回附中,仿若他考学附中的一次轮回。1986年王劼音因私到维也纳造型艺术学院求学,遍访欧洲各国,直接受到了西方艺术特别是现当代艺术的浸淫。1988年王劼音归国,再转到上大美院的设计系,1990年又到了油画系,90年代末授命组建版画系并主持工作,至此,一生阴差阳错的王劼音完成了他艺术跨界的全部轮回。王劼音曾自嘲在油画圈被看成搞版画的,在版画圈被看成搞水墨的,在水墨圈又被看成搞油画的,结果成为各个圈子的边缘人。2014年,退休数年后的王劼音受聘为上海市文史研究馆馆员。

曲折的人生经历，伴随着沧桑沉浮的世界，起伏变换，王劼音在身份的不断跨界中得到超越。王劼音似乎习惯甚至享受因跨界带来的边缘状态，视不断更换的艺术身份为人生馈赠，并自觉获益匪浅。

王劼音的每次跨界都像一次出走远行，艺术视野变得异常开阔。学西洋，从古典到现代；学本土，从文人到民间；学异域，从非洲到印度，从墨西哥到爱斯基摩；学"他者"，工艺美术、艺术设计、当代艺术以及宗教艺术等等，王劼音对"他者""异质""边缘"尤为关注，并使他艺术语言跨界混搭，不仅把他所见长的版画、油画、水墨语言交叉互补，还融合了传统工艺、现代设计、民间美术等更宽泛的媒介手段，形成极具实验与突破性的自创语言，随心所欲，百无禁忌，兼容并蓄。博大精深的敦煌曾使他流连忘返，日本版画大家栋方志功也让他激赏由衷。

某种意义上，王劼音是个"反技术派"，在回忆就读浙美附中时说："不太安分，喜欢搞点新鲜东西。"甚至参加"废画展览"遭到批判，但"好像生有反骨，带有离经叛道的倾向，不满足于美院的正规教育，喜欢非学院的东西"。并说："边缘离开中心远，天高皇帝远，正可以自己'乱来'一通。"

以理性与精明闻世的上海人却意外选择"乱来"，透出的是打破禁锢的迫切心愿。针对禁锢的自我打开，针对"正统"的毅然出走，针对"中心"的自我放逐。对"文革"教训，王劼音铭心刻骨，他认为"一窝蜂""人来疯"的习惯会让人自我葬送，变成工具。经历了以"85美术新潮"为标志的中国现代艺术运动后，生有反骨的王劼音很快走出跟随、模仿阶段，并相伴着80年代的"人的发现""人的自我发现"的思想解放与启蒙运动，开始了个人化的艺术探索之路。身处当代世界的王劼音，同样在古今东西中外的框架下思考他的艺术面目，并以开明、开放、开拓的姿态，探索艺术语言、艺术形态、艺术观念的无限可能，王劼音始终认为艺术是一种无限。

王劼音说他之所以更倾向于现当代艺术，是因为那种前所未有的开放与兼容、实验与突破、叛逆与超越。如王劼音对自己的展览命名，蕴藏着某种"此外"。

王劼音艺术的最大特征是"意象"。虽然"意象"已不是新鲜的话题，但王劼音的艺术意象，并非那种浅表的印象派加写意，或近似表现派的抽象，在王劼音创作的作品中，意象在语言表层并不排斥印象、抽象、写意、表现的关联。到艺术的语言深层，则是个人心迹（心象）的显著流露，文化内蕴的丰富沉淀，沉淀出自然与人文融汇的境象、历史与当下交织的景观。

让人意外的是，花卉成为王劼音特别钟爱的创作对象，王劼音的"意象"构建，可以说从花卉开始。持续了近二十年的"花卉"系列，独辟蹊径地生成了别开生面的"王氏意象"，被解构和重建的花卉，释放出与自然山水、工业风景、当代景观交相辉映的意象。比如《梦花缘》《大花卉》,既深幽、空灵,又开阔、动荡;比如《芳菲三月》《秋山诗意》,虽以山水、风景为题,却显露着如花美眷的审美意象;近年作品《云气》《雾山》《漂移》等笔触、划痕,更使如梦如幻的诗性意象,隐现着后现代"景观社会"的仿像、拟像、镜像的影迹。

王劼音的艺术,很难看出地方性、地域性,也不雷同于流行的国际主义样式。同样,他不迎合商业包装,不就范市场炒作,对近年喧嚣的"抽象热"与鼓噪的"水墨热",王劼音都是云淡风轻,他不把自己的作品做或抽象或水墨的简单归类,虽然,水墨与抽象均是王劼音艺术的重要语言。事实上,早在上世纪八九十年代,王劼音便与声名显赫的上海抽象艺术保持了谨慎的距离,更不以抽象艺术家标榜。作为以版画、油画见长的艺术家,王劼音的水墨实验是在国画尚未从狼藉的声名走出时开始的。"点阵"系列的出现成为当代实验水墨深具预见性的先导。

"点阵"水墨的作品语言,既与中国画皴擦点染的技法有关,又与现代工业网点印刷的技术相关;既隐涵着传统水墨的文化意向,又彰显着互联网时代的视觉形式。比如水墨作品《山水笔记》中的"点阵",让渗透了东方心性和时间意识的水墨苔点,映衬着从利希滕斯坦的网点POP到后消费社会的网点消费。

王劼音的"水墨",是跨地域主义的水墨;王劼音的"抽象",是反国际样式主义的抽象。既有碎片化的时代症候,亦是一种以时间修复当代裂变的个人化努力,由此,王劼音的艺术意象得到纵深展开。

20世纪语言学革命带来语言学转向,专制与独断的语言受到严厉的批判。从语言哲学的层面讲,妄断、专断的语言逻辑,存在着险象环生的语言陷阱,也埋藏着被长久遮蔽的语言"间性"。

"间性"与惯常的确定语言、确定词无关,也因其无关而遭忽略。然而,"间性"却是一种具有摧毁性、叛逆性的异在,成为固化语言主体的悖逆,成为的语言独断与文化专制的颠覆性异数。在人类漫长的文明史中,语言"间性"、文化"间性"无处不在。如何挣脱野蛮的文化绑架,逃离暴力的语言裹挟,终结愚昧时代的文字狱构陷?语言与文化"间性"的发现,将撼动故步自封、唯我独尊的文化正统;解构独断专行、狂妄自大的语言霸权,让文化的"他者"发现,让语言的"异在"呈现。

王劼音的语言与文化"间性",时常呈现在他一次次的艺术转折中,就像他艺术身份的"无间道"给了他一次次人生跨越。王劼音从不安分于固化的既定思维,而以反向的、逆向的思维,打破狭隘语言的禁锢,敲碎专横文化的枷锁,走向"异在""他者"和"此外"。

"此外"是对"所以""因此"的因果逻辑的更改,构成了对语言专制与文化霸权的阻止，对"他者"和"异在"的发现。存在主义哲学曾将"此在""它在"与存在做了深刻关联，让存在打开、出走、放逐、生成。"此外"与存在主义的存在哲学形成暗合。

王劼音的"意象"花卉，用"意象"破解"此在"的虚实；王劼音的"点阵"水墨，用"间性"诠释"异在"的有无。"间性"相关着佛家思想所讲的"不执"。"有执"便是"着相"，"不执"打开了艺术的无限可能。王劼音一生的艺术创作，特别回避"着相"，一如一拨秀骨清相的魏晋名士，"得意忘象"、"得鱼忘筌"、"澄怀味象"、"澄怀观道"。

并非寒门出身的王劼音，一袭布衣，秀骨清相，静观熙熙攘攘的众生，傲视纷纷扰扰的尘世，身经曲折坎坷人生，亲历多变动荡世界，坚守尊贵的个体尊严，捍卫神圣不可侵犯的自由精神，淡泊明志，初衷不改，宁静致远。

王劼音是上海改革开放以来最早的一批美院教授，1999年荣任上海市美协副主席，在国内国外政府民间的各类展览中，获得过众多的荣誉与奖项，比如1994年的"第十二届全国版画展"金奖，2001年获"上海市德艺双馨艺术家"称号等等。

尘世的成就已足够让他光环笼罩，然而，王劼音却保持了一种平淡的面对，仍然一副常人装束，平凡教师的言谈，普通画家的举止，以至常常被人忘记了他荣耀的身份。王劼音不开车，乘地铁，简装素行；不喝酒，不唱歌，不用微信，偶尔点支烟助兴，也是点到即止。王劼音将生活要求降到最低，甚至连他画室的桌椅板凳都是捡来的，他的生活绿色、环保、低碳。孔子曰："绘事后素。"王劼音把生命的全部倾注到他的画面上——确切地说，是画面里，就如捡来的那些貌似廉价甚至难看的桌椅板凳，由于长期的墨彩浸淫，时间沉淀，包浆出的是一种充盈着内在魅力的奢华。"此外"不再是可有可无的轻描淡写，而是一种尤为值得强调的馈赠，一种形而上的奢华。

王劼音是一个生在旧中国、长在新中国的知识分子型画家，又是一个跨世纪的学者型艺术家。低调行事，蕴藉着特立独行的思想；平淡处世，隐涵着是非分明的人格。王劼音说他的艺术是从"无政府主义"走到"自然主义"，正如他节俭、简素的生活态度，他坚定地践行着一种最简单的哲学：大道至简、大美至朴，大音希声、大象无形。

这里，深具一种彼岸的力量，更是一种艺术的救赎。

王劼音的新山水
——素淡的韵致与积素之化

夏可君

　　绘画是一门古老而轻盈的手艺，对于一个谙熟中国文人画精髓的画家而言，绘画一直在看似随意洒脱的涂写但却精心惨淡的经营的张力之中展开。要以从容的态度面对浩大的绘画史，这可能需要更多时间的蒙养与涵容，视觉与形式语言的出现不是刻意寻求的，而是一种慢慢养化出来的气质，是在生活中蕴积出来的。当莫兰迪几十年如一日面对那些日常生活的瓶瓶罐罐时，他看到的是灰尘覆盖带来的时间性，他看到的是事物之间的亲密性与喃喃低语。画家王劼音先生，很早就透悟到，意象的来源是气质的事情，是与生活方式和思维习惯密切相关的。

　　因此，无论他画什么，哪怕是那些花花草草，那些山山水水，都是发自己的内心，发自单纯的感觉，来自日常生活的平淡感受。当他偶尔发现做画布用的亚麻布那种灰黄的本色也很美时，就直接将之作为画面的底色了。当然他也立刻发现这色调又会反过来制约画面的色调时，就不能再画那些大红大绿的颜色了，因此逐渐形成了一种独特的色调，一种低调、素造的"素调"，来自物件低声浅语的腔调。这甚至与前不久上海小说家金宇澄所写的《繁花》相似：以上海软语直接进入小说，句子短促日常，随意点染，似乎是口触茶沿，悠闲絮叨，如同旧上海的老调子。但小说家有着野心，试图重新发现汉语一直尚未充分展开的"夹层"——在古韵与新声之间，为五四运动以来的文化革命所渐渐舍弃，但又有待于慢慢默化的语感褶皱，既有古文韵调但又有现代情感的那种有气息的夹层。那种"闪耀的韵致"。王劼音的绘画与之相通，保留了"爱以闲谈而消永昼"的文人闲散趣味，形成了自己"素淡的韵致"。王劼音的绘画比《繁花》更为淡雅一些，因为山水画的自然文化底蕴更为浑厚一些，还因为王劼音自己的超然，也更为童真一些。这是母语的真正再次发芽，触人心怀! 王劼音先生有着一种独特的感知方式，把日常看到的物象简化。随意涂写但韵味保持在其间，让事物处于芽语的萌芽状态。一种生拙感慢慢渗透出来，其中却有着对传统山水画的全方位变形。这是如何可能的?

　　山水画中有谢赫所言的"六法"：一是气韵的生动，二是骨法的用笔，三是应物的象形，四是随类的赋彩或颜色设置，五是位置之经营与布局，六是传移的模写与形态传承。这六个方面都有待一个当代的艺术家来层层转化，使其在接续古风古意的同时，还能够带入与西方绘画复杂对话之后而形成的那道初生的"夹层"，即在文化余絮或山水画的废墟与西方风景画发现自然的新鲜之间，找到一个属于他自己的心灵空间。在这个间杂的褶皱中，画家一直处于生发与生长的"夹层"中来寄托情怀，让山水的韵致在当代得以彰显，由此形成自己独特的风格语言。在王劼音的画面上，六个要素得到了淋漓尽致的转化。我们倒过来讨论，或者把相关因素整合起来研究。首先，在对已有山水画形态的模拟与传承上，如果不是直接以油画去画一幅山水画，那么必须在形态上看似一幅山水画，却又不能太像，即在"似与不似之间"走向更为"不相似"；既有简化，但看上去还是有着自然的形态，有着烟云的变化，甚至还有着无人居住的房舍。如同晚明在董其昌那里开始的简化，在"四僧"那里更为彻底，通过简单勾勒形体的轮廓，甚至留下线痕（但轮廓线条的走势并不控制形体，而是任其生长），既保留了传统山势的生动性，又如同写生稿一般鲜活。或者这些形体刚刚从一种混沌状态化生出来，带着一种初生的新鲜感，而且形体的简单勾勒，有着克利绘画的那种天真，似乎这是一个小孩子的目光在第一次看待山水。这是重新让山水开始说话，是自然存在之素朴的抒情诗。王劼音保留了山水画的余味，不是整体模写传统程式，而是有着自己随心的变形。山水的整体随着心态走，但有着传统的各种布局，却不断脱去了程式；有着自然的起伏，却保留了传统文人画的"主题性"（如同塞尚喜欢说的motif）。比如隐逸图与幽居图的名称，暗示出某种情调，但绝非传统的那种图式人物，而是一种内在含蓄与隽永精神的蕴积，也把西方风景画的造型带入到了山水画的意趣之中。其二，从画面的布局上保留了传统平远与高远的视觉感受，把石块简化为块状的笔触，如同黄公望石块矶头之累积而上。这些笔触有着内在节奏，如同不同的音符，在彼此应和着上升。把握住山水的走势，才能激发山水画的活跃性。有时候这些形状带有一种梦幻的色彩，或者是黑夜的山形，甚至有着奇特的变形；花朵与石块彼此相互拟似，把自然的形态活化了。王劼音先生有着自己独特的想象力，这想象力是自然生长出来的。其三，在颜色的处理上，传统山水画有着素色与设色两个体系，但是与西方的油画相遇之后，如何以油画或丙烯画出有着山水色感的绘画来？如何综合各种不同的色感体系？王劼音主要以黑色为主，甚至画过大量的黑色丙烯的风景画。无疑，黑色有着对黑墨的暗示性联想。这些黑色色调沉着，让画面染上一种古风的调子，成为支配画面的总体情调，不显得轻浮，而且以看似中国传统绘画中的赭色与青绿的色调来引导视觉，但却又有着西方色感的丰富色差变化。他对黑白灰的层次处理也异常细腻，能够把黑色画得如此新鲜、如此玄远、如此深沉、如此天然，实乃罕见。王劼音对水墨色感的余留、色彩的低调与散淡，充分展开了水墨性的余味，这才是转换山水画触感的奥秘之所在。其四，在形态上与笔法上的自由变更，其实前面我们已经有所讨论了。王劼音的变形可谓天真浪漫，生辣苍润，以平淡而童真的心态，进入万物内在的感受之中。其山石有着一种波势，线条轻盈，似乎这些山石是从透明的天空中浮现出来的，或者是从蓝色烟云中飘浮出来的，每一幅都那么意外，又那么天然。最后，则是气韵生动。王劼音的新山水让所有笔触处于一种整体氛围的孕育之中，画面有晕染但不是明暗对比的，图像是重新结构的而非写实的。每一幅总是不落入已有的套路，而是保持轻盈的疏离感，但对于偶然出现的笔触却愿意跟随，与之嬉戏。在画面上我们可以看到，画家通过被稀释的丙烯在画布上的渗染性，以极其虚薄的方式随意扫涂，线条天真浪漫，色层丰富，斑痕与肌理随处点缀却生动怡然。一切看起来都漫不经心，如同孩子的涂鸦，但仔细品味，却又妙不可言，把苦涩消解于无形。表面看如同孩子的芽语，其实透出内在的老辣，这正是中国"生拙"美学的当代复苏。

王劼音先生是一个散淡之人，这让我想到小说家汪曾祺先生。他在日常生活中总能发现自然的意趣。当他去画花瓣花叶与山石树木时，总带有一种儿童的戏拟，好像是插图式的，但却别致，富有隽永的意味。正是这隽永、带有生拙的野趣，体现出艺术家心性的轮廓，而能以此心性的素淡轮廓作画的人，已经很少很少了。只有此心性，才可能让自然平淡返回，让童心也优雅起来，画面上那层迷人的黑纱薄层带来的梦幻之感才会让我们在他的画作面前流连忘返。这是万物的花开，这是山水的再次来临！

摘自方志凌主编：《王劼音》，安徽美术出版社 2014 年版。

云间风度
——王劼音个展序

漆 澜

《云间风度王劼音个展》请柬

中国现代主义绘画的书写性语言发端于"洋画运动"时期，然而这个曾经为中国近代绘画带来勃勃生机的脉流，在新中国成立后被中断长达半个多世纪，直到20世纪80年代晚期才潜流复出——王劼音是这个潜流复出中的一个重要的案例。自80年代中期以来，王劼音就执着于书写性绘画实验，在当代架上绘画领域，他一直是低调的前辈。

王劼音以超然的方式游刃于版画、油画、水墨等多种语言方式之间，对中国传统文人绘画的语言谱系进行解构和转化，其作品既具有传统的审美风范，更具有现代主义者的新生锐气。他的艺术充满与传统抗辩的智慧：既深深地根植于中国古老的书写传统，同时，又以敏感的生存直觉和真实、朴素的当代视觉经验为书写传统注入了汩汩生机。

王劼音是中国新绘画的重要案例，他既有对传统绘画语言的敏感，同时又以异在、思辨的态度对中国传统语言形态进行开放和转化，将古老的视觉经验迁移到崭新的语言方式中，使传统的审美风范获得了新的语言结构，这种新的语言结构与传统形成强烈的抗辩关系。在他的作品中，物象既有坚定明确的形式感，同时又具有视觉上的膨胀、漫延感，视觉爆发力与内在的风度达成了相反相成的统一。王劼音对画面结构和秩序有极强的控制力，非常讲究笔触、肌理的变化和生发关系，他巧妙地暗示和翻译了传统的审美符码，而又在新的语言结构中实现了物象与图形紧密、服帖的匹配关系，从而实现了语感的高度自由，同时开放了传统书写的媒材边界，这种语言成就将为他赢得令人瞩目的地位。

附：王劼音、漆澜关于王劼音水墨创作的访谈节选

漆：您接触水墨是从什么时候开始的？

王：水墨也有故事。奥地利有一个教授，他住在布尔根兰特州，有一幢很大的别墅，别墅里面每年会找一些人来画画，画完了再做一个展览。我应邀去参加他们的活动，外国画家的身体多好，像牛一样，经常晚上喝酒跳舞到半夜，而我根本就吃不消。他们的精力太充沛，需要发泄，如果没有刺激，他们会生病的。我认识一个德国的版画家，他是德国拜罗伊特的一个博物馆馆长。我们作画的时候他悠闲得很，但有一日他突然弄来很多门，于是一张版画就出来了。而这样的版画是很有冲击力的。我们中国人尤其是江南地区的人都很柔弱文雅，和他们区别太大。所以我想，和他弄一样的东西是没意义的，于是躲在角落里静静地画淡淡的水墨画，和他们拉

开了很大的距离。他们不明白这个神秘的中国人所做的事情，水墨画给他们很大的震动。倒不是说我画得好，而是我的方向是对的。因为人不一样，你就弄不来人家的东西不要去硬弄。退休以后我和几个朋友在半岛铜版工作室做铜版画，每周我们都要聚聚，做做铜版画，大家都很开心。后来半岛说要装修了，不能搞了。大家没有地方聚了倒也难过，于是就有人说，我们去做做水墨画怎么样？大家都说好！我们就到上大美院张培楚老师的工作室去画水墨画。我发现宣纸特别好玩，有许多的可能性，而这些可能性国画家也许从来就没有想到过。我觉得好玩得不得了，于是就画得多了起来。我这个人就是没什么目的性，我没想要在国画上怎么样，就只是觉得好玩，跟你刚才说的那个"实验水墨"运动没什么关系。

我这个人一直很边缘。有朋友一直拿我开玩笑，说我这个搞版画的去画油画，结果让版画圈子里的人觉得我是搞油画的，油画圈子里的人又觉得我是搞版画的。后来又折腾水墨，这样跨界肯定是自己把自己弄成边缘了。

漆：您的经历很独特，跨界不容易而要在跨界的过程中一直保持那种放松的状态更不容易。您的一批山水作品流露出非常强烈的文人审美气质，您大概是从什么时候开始对文人画的东西感兴趣的？

王：那是到了外国以后。在中国的时候喜欢列宾、苏里科夫、谢洛夫，但在国外却发现自己最喜欢的竟然是中国古代的绘画。我也不知道究竟这是不是跟年龄有关系，或许年纪大了以后自然会对传统的东西亲和起来。有一种出生在淡水中的海鱼，最终一定长途跋涉历经艰险，从大海回到出生地，冥冥中之受到一种神秘力量的召唤，我发现自己有些类似。

漆：好像是2006年以后，对吧？我看过您一些大的纸本水墨作品。这批作品带有很强的实验性质，粗看似乎有文人画的笔情墨趣，但细看才发现是一种反向的修辞，您实际上在对传统语言做陌生化的转化。你对中国传统的书画有没有什么研究？

王：我对中国传统真的没什么研究，就是蛮喜欢。没有系统地研究过文人画历史，也没有系统地临摹过古画，只是经常因为看见一张古画——比如乔仲常的《赤壁赋》——就兴奋不已，我不是说他的风格和语言，而是那种气质和意蕴让人着迷，这种感觉会带出一种强烈的直觉，很迷恋甚至依赖这种直觉。

漆：但我估计您头脑中还是有很喜欢的那种类型，肯定有吧？

王：有的呀，董其昌、倪云林，还有钱选，我就非常喜欢。有一次我到萧海春哪里，他的书橱里放着一张李公麟的印刷品，好像是《龙眠山庄》。他把那张画放大了贴在

《云间风度》个展现场

玻璃书橱里面。我当时印象非常深，也可能就是这么一眼，它会带出我笔下的感觉，甚至很及很久也忘不了。我觉得艺术感觉是许多小事积累起来的，这也是中国传统文化的细腻和神秘之处。我有一次到上海博物馆看展览，看见古画卷子提跋后面的空白纸张——就那么一张纸，穿越数百年，那上面的痕迹和气息让我很震撼——一张空白的古代纸，既没画也没写，但那上面似乎有一种灵魂，太厉害了。

漆：对，那是时间的韵味。

王：可能有点吧。2000年以后我的油画有了较大变化，就是因为看了博物馆那些旧纸。那种质朴又内敛的气质让我印象深刻，我就干脆把亚麻布绷起来，不制底子，直接在上面画画。自然朴素，喜欢的人觉得很耐看，也有人说这样的作品太欠缺"成品感"了。

漆：您一直对朴素、率性、自由的东西很迷恋。

王：是的。

漆：但我也觉得您还是非常注重教养的，您一直都在传统文人画的图式和语言中去转化和抽取自己的表现语言。那批山水作品尺幅都比较大，当时在创作时脑子里有没有古代作品作为原型？

王：绝大多数是没有的，偶然也许会有一点。我没有什么国画画册，也没有很好的印刷品，搜集的资料都是从报刊上剪下来的。画画的时候往往就凭那么一点印象和刺激就自己画自己的，那感觉很单纯，甚至是：先把这张布弄脏了以后再说！

漆：您的作品一直具有强烈的意向甚至可以说是"写意"的性质，但一直也没有发展为纯抽象，对吧？

王：我没有想过往这个方向发展。我觉得抽象画有一个问题，就是很容易跟老外的那些体系区分不开，不知道对不对，就是这么觉得。有时候看一张抽象画我弄不清楚是谁画的，不知道是中国人画的还是老外画的，因为无论从语言上还是美学气质上都判断不出来，我一直很疑惑的一点就是，中国的美术学院是全盘西化的，为什么要全盘西化？我们中国人画的画可以也应该画的跟老外不一样，一样了或许就不正常了。为什么不能把我们原来的东西整理出来，试试看我们自己的可能性？当然，时代在变，中国画不可能不变。我们现在都吃牛奶面包，看电视看电脑，想跟董其昌画得一模一样也不可能。现代中国人不可能变成古人，也未必一定要变成洋人。

漆：您是否想过要去寻找传统延续的可能性——您的语言谱系是传统的，但您又自如地将这些传统的资源转化为新的形式感，因此很难说你是传统主义者还是现代主义者。

王：我脑子里一直没有宏大叙事，也没有什么传统啊、正统啊这些观念，即使关注古画，也偏爱个性比较鲜明的作品。前几年我有一批山水作品，是有明显的转化中国画造境的意识，但这些作品无论是语言还是气质，都跟古代文人画相去甚远，我觉得这正是我想要的东西。

漆：那批画带有非常强的个人特点，多次反复制作，形态简洁，类似于文人写意画，既有传统书写的流动感，又具有坚实的体量感，在视觉上很有爆发力。但据说您创作时也是随机的、没有目的性的？

王：是的，我画画变数特别大，有时候本来是画一朵花的，最后变成一座山了。还有更大的变化——正面画不下去了，我就把它反过来再画。

漆：我发现由版画专业出道的艺术家对传统绘画的形态和结构有敏锐的触觉，抓大感觉比中国画专业的还厉害。我细看您的作品，认为您那段时间对中国画的点、线以及笔墨、质感、形态还是做过相当多的研究的。那些作品局部变化多端，物象的形态和笔触的匹配关系非常紧密、服帖，看似漫不经心，实际上您在文人画笔法上花了非常多的心思，您有没有在宣纸上临摹过古画？

王：在附中时临摹过孙位的《高逸图》等，那只是在完成作业，离开学校后就

《云间风度》个展现场

再也没有临摹过。我只是发自内心地钟爱传统经典。我曾经看到钱选的一幅牡丹非常漂亮，那形态特别美，色彩也极妙，粉红和黛绿色互相反衬，非常高贵，又非常温婉——那种中国的色彩。记得我曾用圆珠笔把他的形态描下来，一遍遍地研究、学习它的结构，感受那种柔缓的节奏。这是一个慢慢地沉浸的过程，要了解中国的东西，那得慢慢地泡出来，它不像老外的东西那样依靠爆发力，立竿见影。

漆：是的，我看过您好几幅牡丹，看得出来是对钱选的牡丹所做的转化实验。您一直对形态感非常重视，即使简单的一个物象，那形感就透出一种"范儿"。您有部分花卉作品就直接使用薄彩，材质感很朴素，接近于文人笔墨。您有没有关注过文人画的材料、笔墨、技术这方面的东西？

王：怎么讲呢？很零散——我的视觉经验都是散点的，我本来也不属于理性和研究问题的人。我读美术史，更多的是关心我感兴趣的东西，很少去考虑理论背景问题。看作品也一样，我在乎第一印象，而你说的材料、笔墨、技术这些东西，应该是自己的问题，自己画画时知道就行了——知道别人的材料、笔墨、技术这些东西，反而会干扰自己的直觉，自己画起来倒放不开了。我就是这样，学习和创作都是散点式的。

漆：您很注重直觉，但也非常在乎修辞，您从中国文人画中找到了书写灵感，画风为之剧变。但我觉得正是您这种"散点式"的取法，让您没有受到传统绘画程式语言的束缚，相反更有生气。实际上您的语感已经高度自由，取消了中国画和油画的边界。我们接着谈一下，90年代以来，有哪些是您认为比较重要的创作的系列？

王：2002年我的工作室在田子坊，房间面积比较小但是很高，所以我画了一些竖长条的花卉。2012年工作室搬到肇嘉浜路，那个地方很宽，我就画了一些比较长的山水，类似长卷的，所以应该说在田子坊是花卉的时代，到了肇家浜路是山水的时代。

漆：那批花卉作品我在展览上见过不少，对传统绘画的语感把握非常贴切，看似信笔勾勒，实际上处处用心，物象既有坚定明确的形感，同时又具有视觉上的膨胀、蔓延感。尤其是那批山水让我印象非常深刻，巧妙地将文人画的笔触形态与拓印感结合起来，再以率性的书写间插其间，天真的性情和含蓄的教养达成一种意味深长的同构。但我发现，在您的观念中没有把这批作品当作风景，仍然是把它当作"山水"？

王：哎，对。"风景"这个概念我用得比较少。"山水"这个概念的确是很好，我觉得这个概念更有弹性。我会找出一些国画家忽略的东西，并且在亚麻布上面可以随便怎么弄，柔性的语言和朴素的材料这么一结合，我觉得蛮有劲的，我觉得这样的冲动是原始的冲动。

漆：看过您与李晓峰的一个对话，您强调艺术的非技术性。但那或许是您观念层面的主张，实际上您对材料语言和技巧都非常看重，您对画面结构和秩序有极强的控制力，非常讲究笔触的变化和生发关系，物象形态和笔触结成了紧密、服帖的同构关系。似乎可以这样说，您不太在乎说什么，实际上太在乎怎么说，对修辞和语感注入了太多的心思，这一点上实际上与古代文人画的精神是相同的。

本文以及本访谈节选自萧斌编：《云间风度——王劼音》，人民美术出版社2016年版。

艺术年表

1941 年	生于上海
1950 年	入哈定画室习画
1953 年	考入上海市向明中学
1956 年	考入中央美术学院华东分院附中
1959 年	插图刊于《浙江日报》，是作品首次公开发表
1960 年	转学至上海市美术专科学校预科学习
1963 年	升入上海市美术训练班学习
1968 年	分配到上海火柴厂任美术设计员。被借调到《文汇报》、园林管理处、轻工业局工会、上海市工人文化宫等单位参加美术创作活动
1977 年	调到上海市美术学校任教
1979 年	到上海戏剧学院美术系兼任版画课一个学期 加入上海美术家协会
1980 年	被选为上海美术家协会版画组副组长
1981 年	加入中国版画家协会
1982 年	加入中国美术家协会
1985 年	版画《节奏》插图《会唱歌的布袋》入选"第六届全国美展"并获市文化局颁发的佳作奖

	参与筹备的上海版画会正式成立，并担任副会长 参与策划《版画角》
1986年	5件版画作品参加"海平线86绘画联展" 担任首届上海青年美展评委 离北京，经卡拉奇、布加勒斯特到维也纳，在维也纳造型艺术学院M.Melcher教授的版画工作室及维也纳国立应用艺术大学W.Hutter教授的油画工作室学习
1987年	游历瑞士、法国、比利时、荷兰、卢森堡、德国，参观博物馆，首次个人画展在维也纳AAI画廊举办，展出版画作品23件. 应奥地利亚非学院之邀去南部KARNTEN办展，展名"Heimweh nach der Zukunft"（通向未来的回归之路），参展者还有松川孝子（日）、Clemens SOU（韩）、Amadou SOW（塞内加尔） 乘火车经匈牙利、苏联、蒙古回国
1988年	从上海大学美术学院中专部调到美术设计系任教 出席全国版画艺术研讨会并发言
1989年	由上海市文化局艺术创作中心主办的个人画展在上海美术家画廊开幕，展出版画及其他纸本作品60幅 赴昆明任第七届全国美展版画评委 在上海美术家协会第四次代表大会上当选为主席团委员 油画《旷野》及丝网版画《乱云》入选"第七届全国美展"
1990年	当选为上海市美术家协会版画艺委会主任 任全国青年版画大展评委 从上海大学美术学院美术设计系调到油画系任教 在云南美术馆举办个展，并在云南艺术学院举办讲座

1991 年	"中国当代版画精品邀请展" 银川
1994 年	版画《林中小屋》获"第十二届全国版画展"金奖 "第二届中国油画展" "第八届全国美展优秀作品展" 参加陈家泠等十位艺术家的新疆之旅
1995 年	赴奥地利参加"第二十五届 UNTERRABNITZ 画家周" 赴匈牙利参加"第三届 BEKES 国际艺术活动" 赴北戴河参加中国版画家协会第三届会员代表大会，当选为常务理事 被评为上海市优秀教师 "新架上画派" 上海美术馆
1996 年	首届"中国油画学会展" 被聘为上海大学美术学院教授 赴欧参加在奥地利、匈牙利的艺术活动并赴罗马尼亚参加"首届 AIUD 国际艺术活动" 版画《林中小屋》入选美国波特兰艺术博物馆所举办的"中国现代版画展"并被该馆收藏
1997 年	赴新加坡南洋艺术学院任教半年 在新加坡法国语言学院画廊举办个展
1998 年	应邀在上海油画雕塑院举办个展 出席上海市第五届文艺工作者代表大会，被选为文联委员
1999 年	获中国版画家协会颁发的"鲁迅版画奖" 出席上海市美术家协会第五次代表大会并当选为副主席

2000 年	赴芬兰 Kokola 市访问，并在 STENMAN 画廊举办三人画展 "二十世纪中国油画展" 北京 "中国百年版画展" 重庆 参加上海市文联组织的文艺界西部采风团，赴甘肃、新疆
2000—2012 年	任上海双年展艺委会委员
2001 年	获上海市文联颁发的"上海市德艺双馨艺术家"称号 油画《原野》入选"中国小幅油画作品大展"并获艺术奖
2002 年	当选为上海美术家协会版画工作委员会会长 应邀访法，在 Rostrenen 市举办四人画展，从 St-Brievc 市到 Concameau 作横穿 布列塔尼亚半岛之旅
2003 年	"第三届中国油画展精选作品展" "畅神——中国新表现具象油画名家邀请展" 上海刘海粟美术馆 "上海春季艺术沙龙油画邀请展"，期间个人画册作为龚云表主编的"海上油画名家"实录系列出版
2004 年	油画《百草园》获第十届全国美展优秀奖 "上海抽象艺术大展" 上海明园艺术中心 在泰国曼谷 55 画廊举办个展 赴杭州参加上海春季艺术沙龙和杭州印象画廊举办的"在江南"油画写生活动
2005 年	"异形与幻想" 上海美术馆 "大河上下——新时期中国油画回顾展" 中国美术馆

	参加上海画家重走长征路艺术活动，历经赣、湘、桂、黔四省
	参加春季艺术沙龙组织的"人文江南"中国油画家风景写生活动
	"宁静的震撼"个展 上海尔东强艺术中心
2006 年	赴海南三亚参加"角度抽象画廊"组织的"上海抽象艺术高峰论坛"
	出席上海市第六届文艺工作者代表大会，被选为文联委员
2007 年	"上海当代" 印度新德里 VADEHRA 画廊
	"精神的风景"个展 上海张江当代艺术馆
	策划"上海中青年优秀版画家展览" 上海徐汇艺术馆
	任第十八届全国版画展评委
	"艺术中国" 西班牙瓦伦西亚现代艺术博物馆
2008 年	"中国蓝" 瑞典马尔默卡廷托娜庄园
	随"水墨缘"赴云南泸沽湖写生
	策划"旁观"水墨邀请展 上海土山湾美术馆
2009 年	"无何有乡"个展 上海 M 艺术空间
	"向祖国汇报——新中国美术六十年" 中国美术馆
2010 年	"第七届深圳国际水墨双年展" 深圳华美术馆
	为世博会中国国家馆贵宾厅绘制《海上花开》
2011 年	"静玩" 上海视平线画廊
2012 年	"无中生有"个展 上海华府艺术空间

"上海新水墨艺术大展" 上海多伦现代美术馆
"锦绣中华——行进中的新世纪中国美术" 上海中华艺术宫
"忆江南" 上海泛华艺术中心

2013年
"素造"个展 上海视平线画廊
"意象" 上海喜马拉雅美术馆
策划"意外"海上水墨展 上海美博艺术中心
"第九届佛罗伦萨双年展" 意大利佛罗伦萨展览中心
市侨办组织的广西采风写生活动
"上海和巴黎之间" 上海中华艺术宫
"样式——上海水墨的十个个案" 上海张江当代艺术馆
出席上海美术家协会第七次代表大会，被聘为美协顾问
"上海美术作品进京展" 中国美术馆

2014年
"无形之形" 瑞士圣乌尔班当代艺术博物馆
"空寒" 北京索卡艺术
"5:5对话" 德国波恩现代艺术博物馆
"破·立" 上海龙美术馆
被聘为上海市文史研究馆馆员

2015年
"虚色美学" 北京筑中美术馆
"造境" 上海临港当代美术馆
"非由述作 发于天然" 上海视平线艺术
"平流层——朵云轩当代水墨大展" 上海朵云轩艺术中心
"另一种乌托邦——华辰上海抽象系列展：边界" 上海明圆美术馆
"虚薄之境 对画：山水与风景" 上海明圆美术馆
为"G20二十国集团领导人杭州峰会"主会场绘制《江南人家》

2016年　　　　　　　　　　"诗意地栖居" 北京偏锋新艺术空间
　　　　　　　　　　　　　"云间风度"个展 上海龙美术馆
　　　　　　　　　　　　　"风水墨变" 上海玉衡艺术中心
　　　　　　　　　　　　　"共在" 南京微圆美术馆
　　　　　　　　　　　　　"抽象中国" 上海明圆美术馆
　　　　　　　　　　　　　"浮光时影" 上海言午画廊

2017年　　　　　　　　　　"云烟集翠"个展 香港 3812 画廊

作品图版

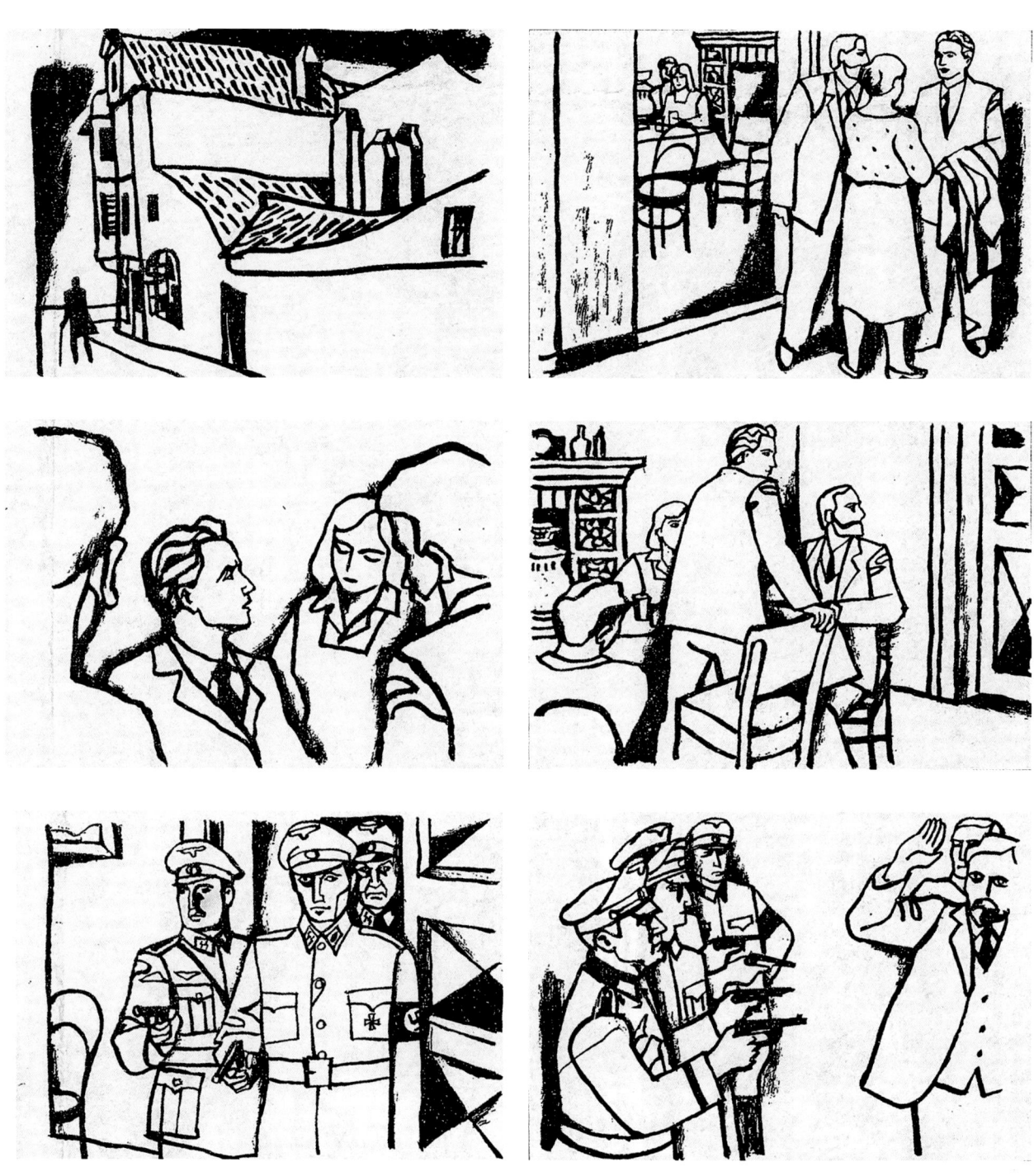

绞刑架下的报告 连环画　16cm×20cm　1982年

撑伞女子 速写 40cm×52cm 1980年

闲坐 速写　55cm×39cm　1979年

老人 速写 58cm×33cm 1982 年

男人体 速写 78cm×55cm 1980年

女人体 速写 79cm×54cm 1988 年

老人 速写 78cm×55cm 1984 年

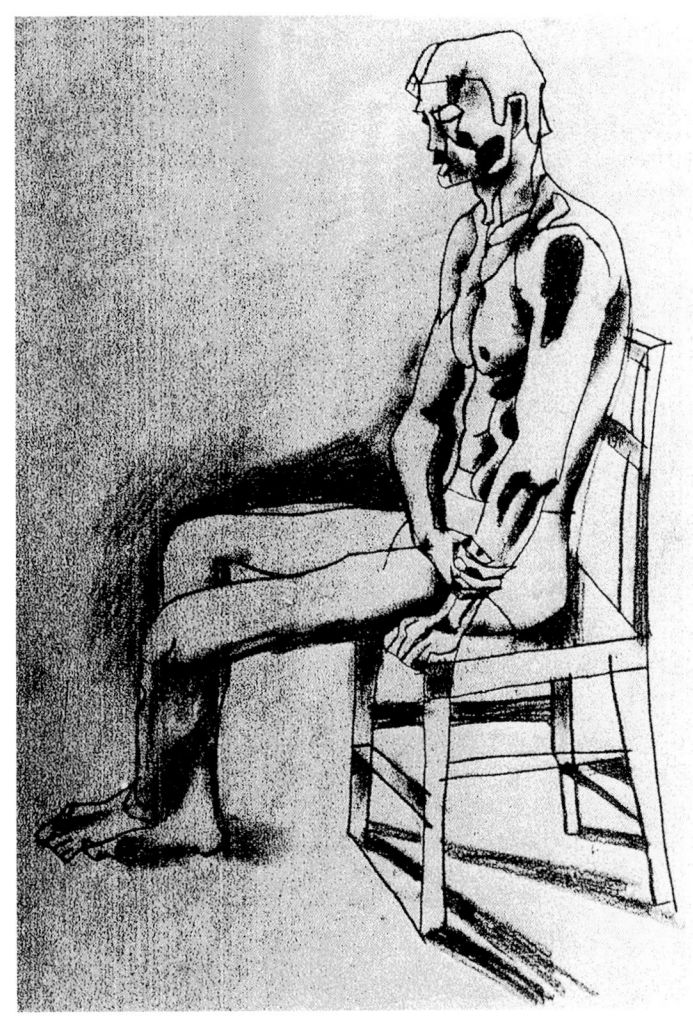
坐姿男人 速写 78cm×55cm 1988年

古文观止 1 素描　40cm×27cm　2004 年

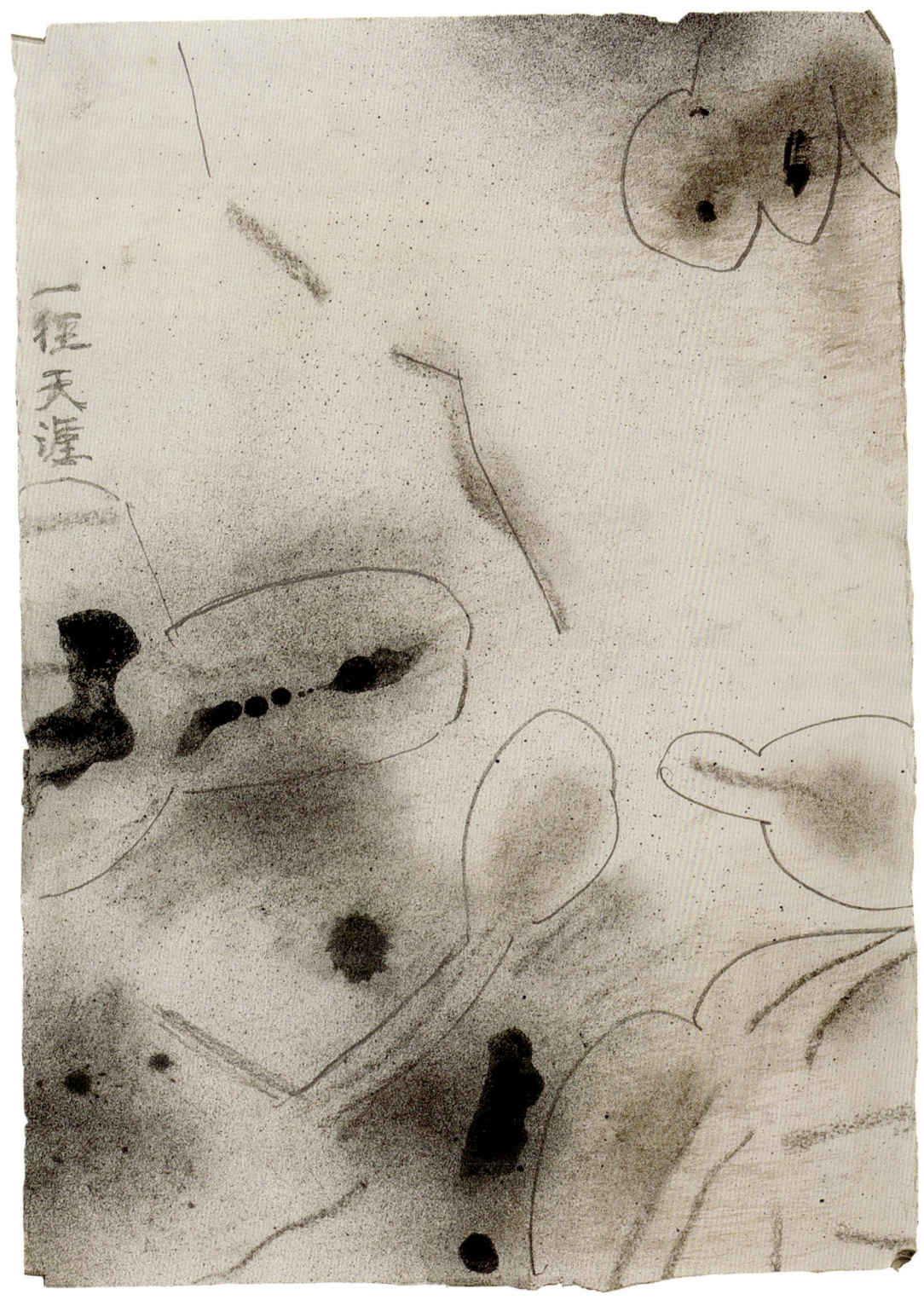

古文观止 6 素描　40cm×27cm　2004 年

左：塔什库尔干 速写 54cm×73cm 1994年
中：塔什库尔干 速写 30cm×21cm 1994年
右：塔什库尔干 速写 30cm×21cm 1994年

麒麟童子 木刻 13cm×15cm 1993年

飞鸟 木刻 13.5cm×16cm 1992年

江景 木刻 26cm×37cm 1980 年

公社织毯厂　木刻　37cm×48cm　1991年

林中小屋 木版画 60cm×42cm 1992年

南京路 木刻 40cm×30cm 1983年

有限空间 木刻 56cm×53cm 1986年

小店 木刻 52cm×60cm 1985年

扬帆 木刻 36cm×44cm 1973年

扬帆 水粉画 预科毕业创作 59cm×76cm 1963年

伊甸 2 木刻原版 30cm×40cm 1994年

伊甸 3 木刻原版 30cm×40cm 1994 年

伊甸 4 木刻原版　30cm×40cm　1994年

伊甸 6 木刻原版　30cm×40cm　1994 年

鲁迅小说《风波》插图　木刻　25cm×19cm　1976 年

女孩 木刻 44cm×26cm 1978年

肖像 木刻 26cm×15cm 1978年

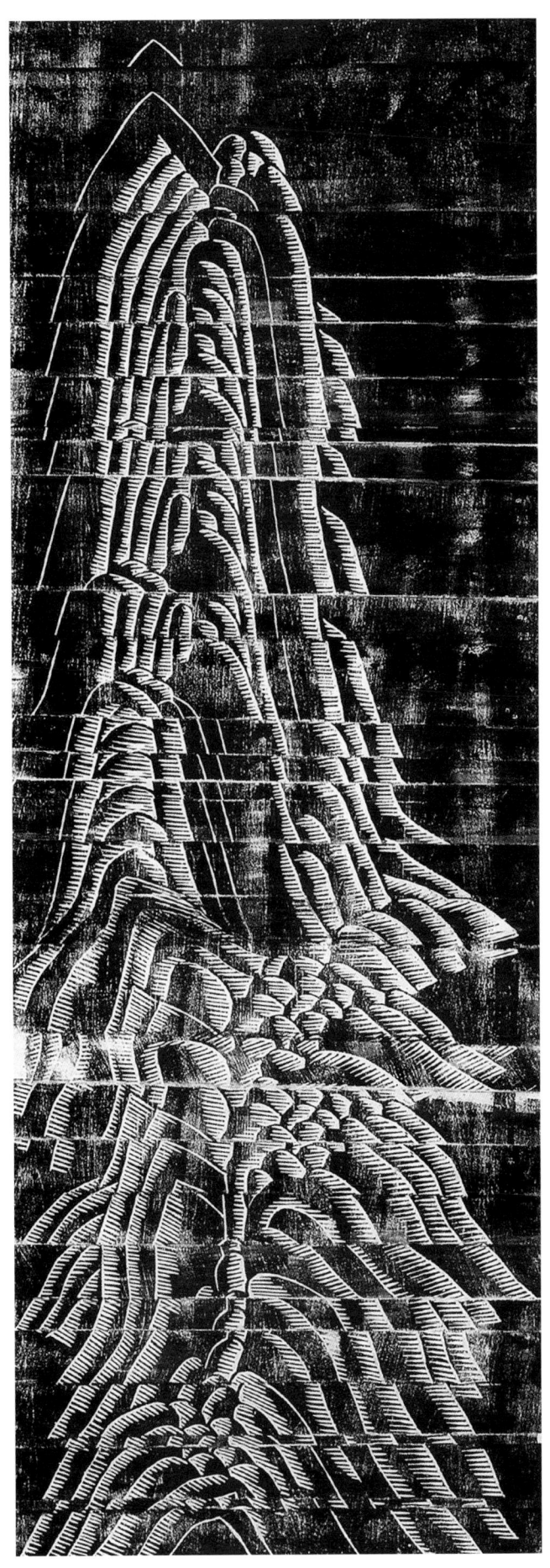

中国山水 木刻 128cm×42cm 2001 年

节奏 套色木刻 30cm×40cm 1984年

劳作 木刻 34cm×55cm 1982 年

静物 木刻 42cm×61cm 1980年

矩形 1 铜版画 14cm×20cm 2004 年

矩形 2 铜版画　14cm×20cm　2005 年

矩形 3 铜版画　14cm×20cm　2006 年

矩形 5 铜版画　14cm×20cm　2006 年

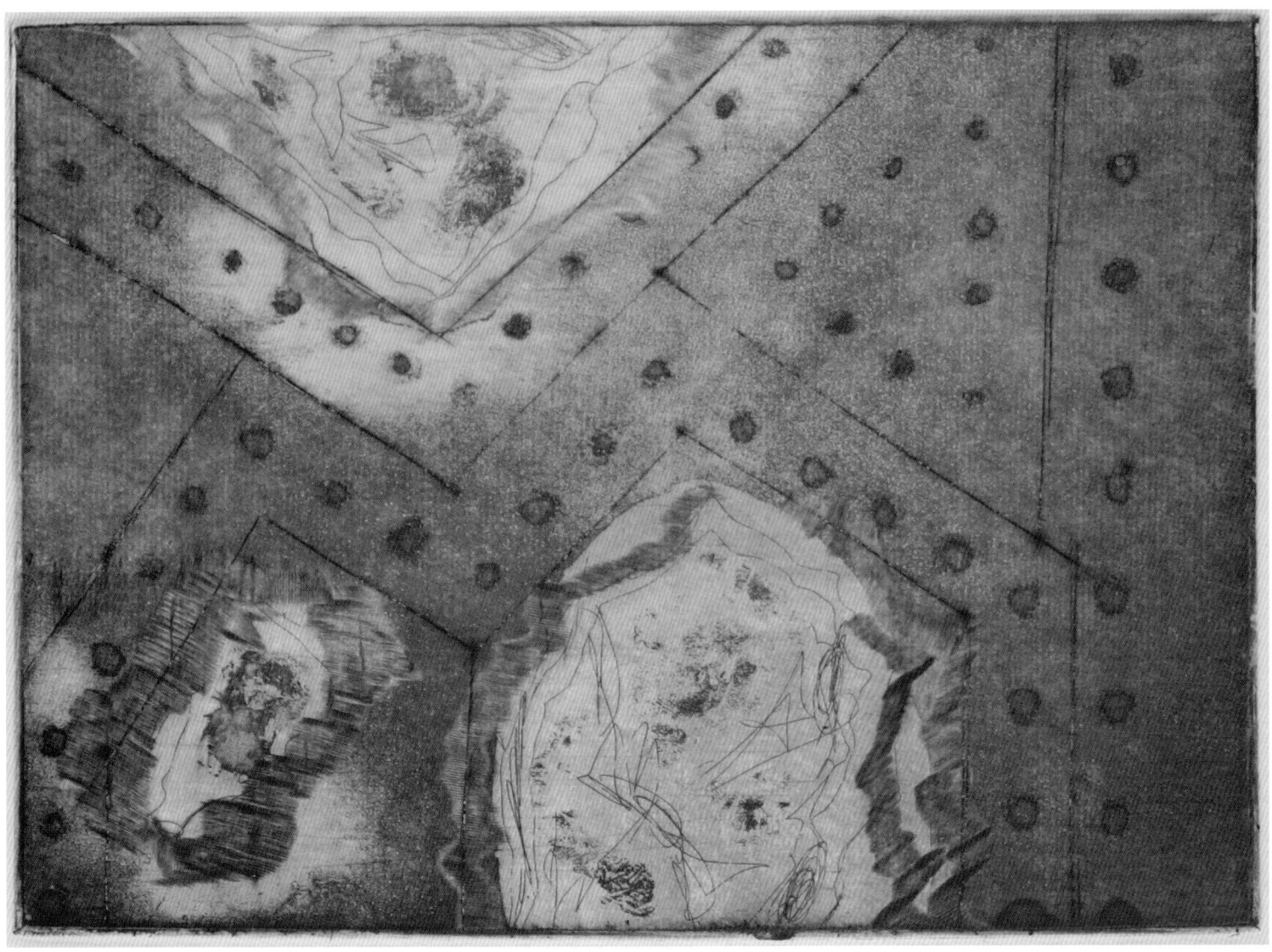

矩形 6 铜版画 14cm×20cm 2006 年

矩形 8 铜版画 14cm×20cm 2006 年

协奏 木刻版画 29cm×29cm

悠然 油画 54×73cm-1995 年

红云 油画 30cm×40cm 1987年

立马骑士像 油画 73cm×54cm 1994年

村舍 油画 54cm×73cm 1998年

故事 布上丙烯、油彩 80cm×80cm 2000年

西山塔影 油画 80cm×60cm 2009年

云气 布上丙烯、油彩　80cm×80cm　2000 年

原野 油画 30cm×40cm 2000年

花卉图谱 布上丙烯、油彩 140cm×50cm 2002年

花卉图谱 布上丙烯、油彩 140cm×50cm 2000 年

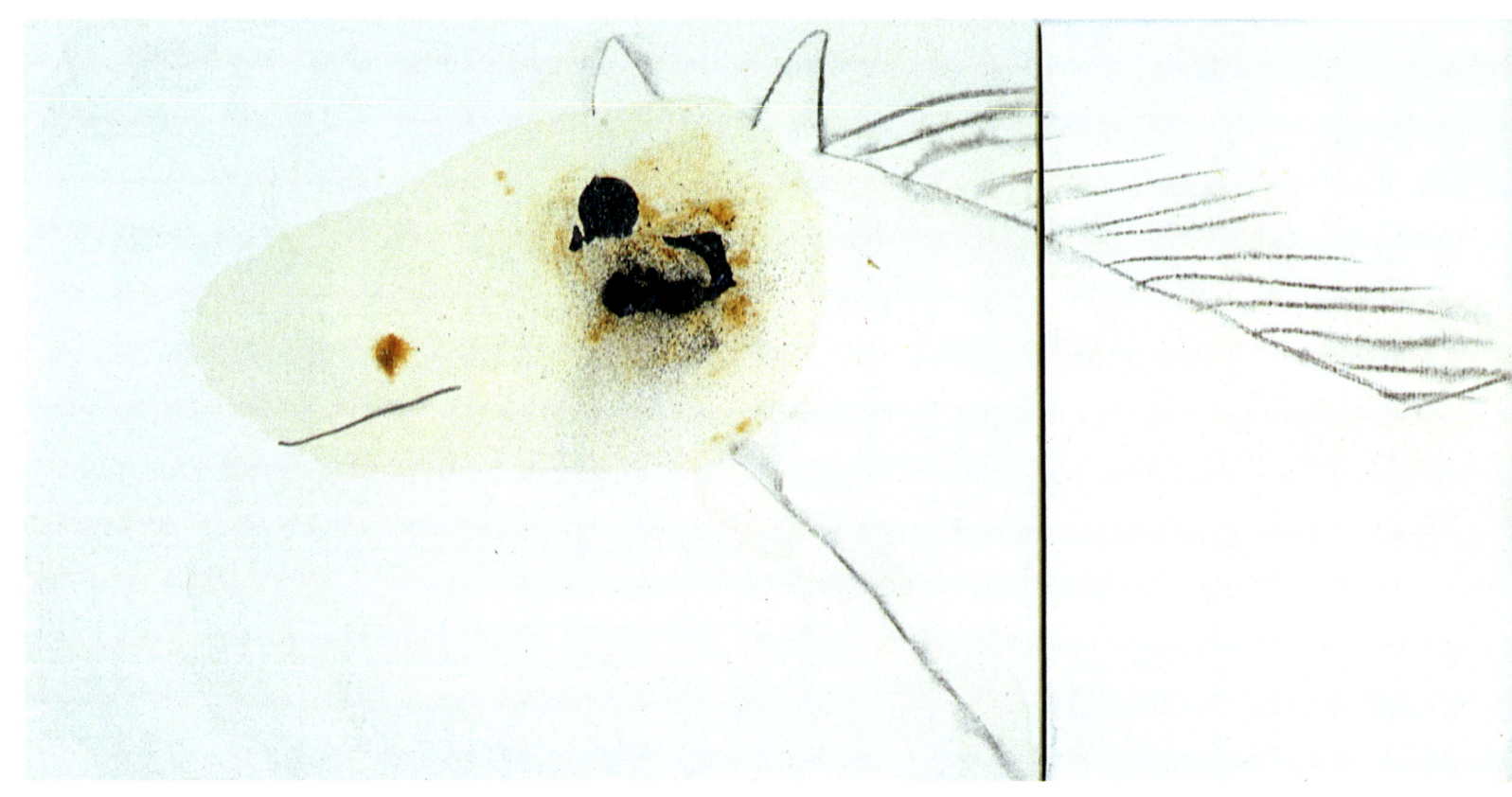

马 布上丙烯、油彩 54cm×219cm 2002年

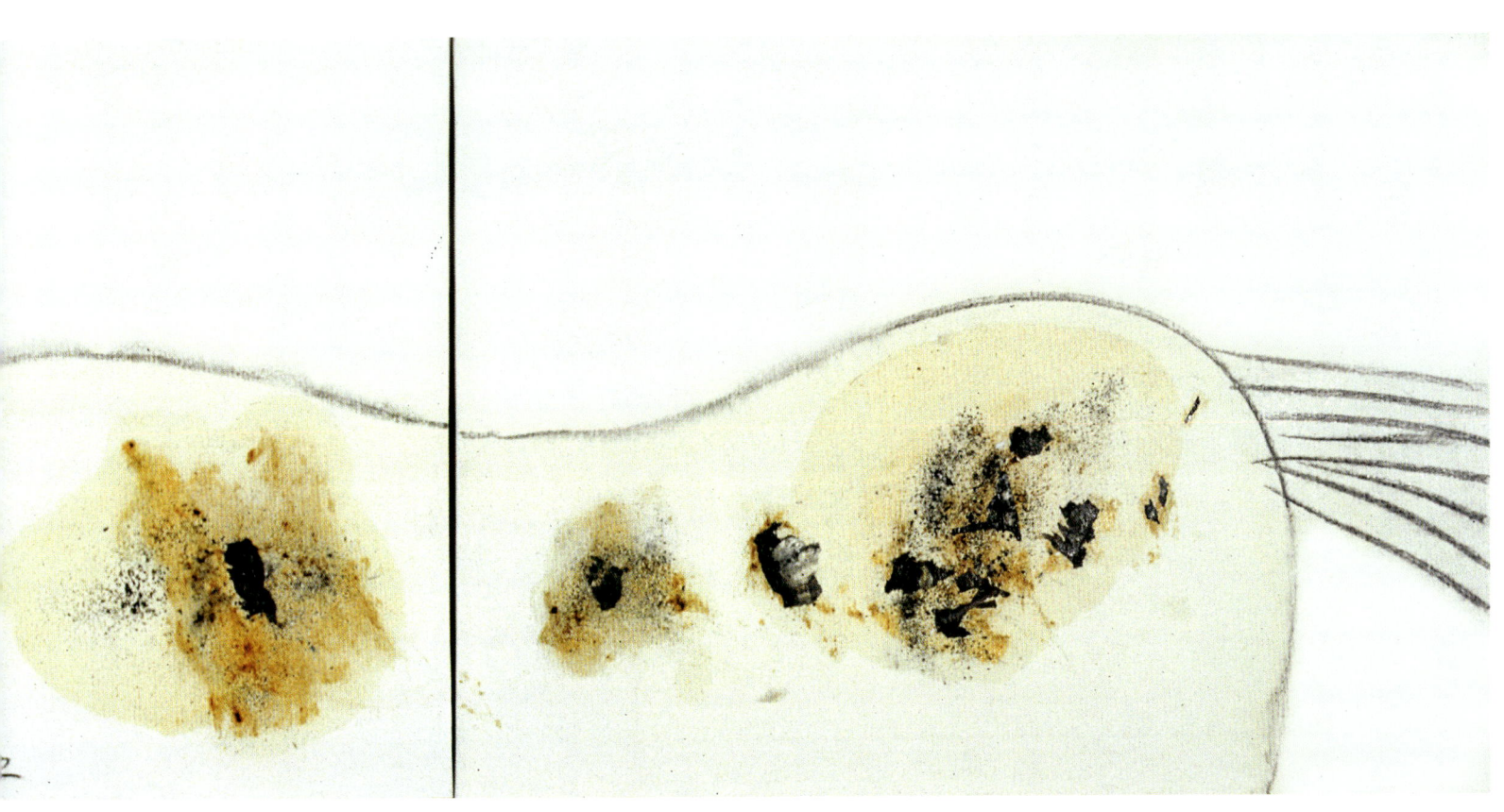

山居图 布上丙烯、油画 100cm×200cm 2003 年

淡妆 布上丙烯、油彩 100cm×100cm 2003年

往事 布上丙烯、油彩 80cm×80cm 2001年

六朝花影 油画 120cm×160cm 2005 年

红花 油画 120cm×160cm 2005 年

林屋 油画 61cm×73cm 2005 年

青山寺 油画 99cm×134cm 2006年

花卉图谱 布上丙烯、油彩　140cm×50cm　2006 年

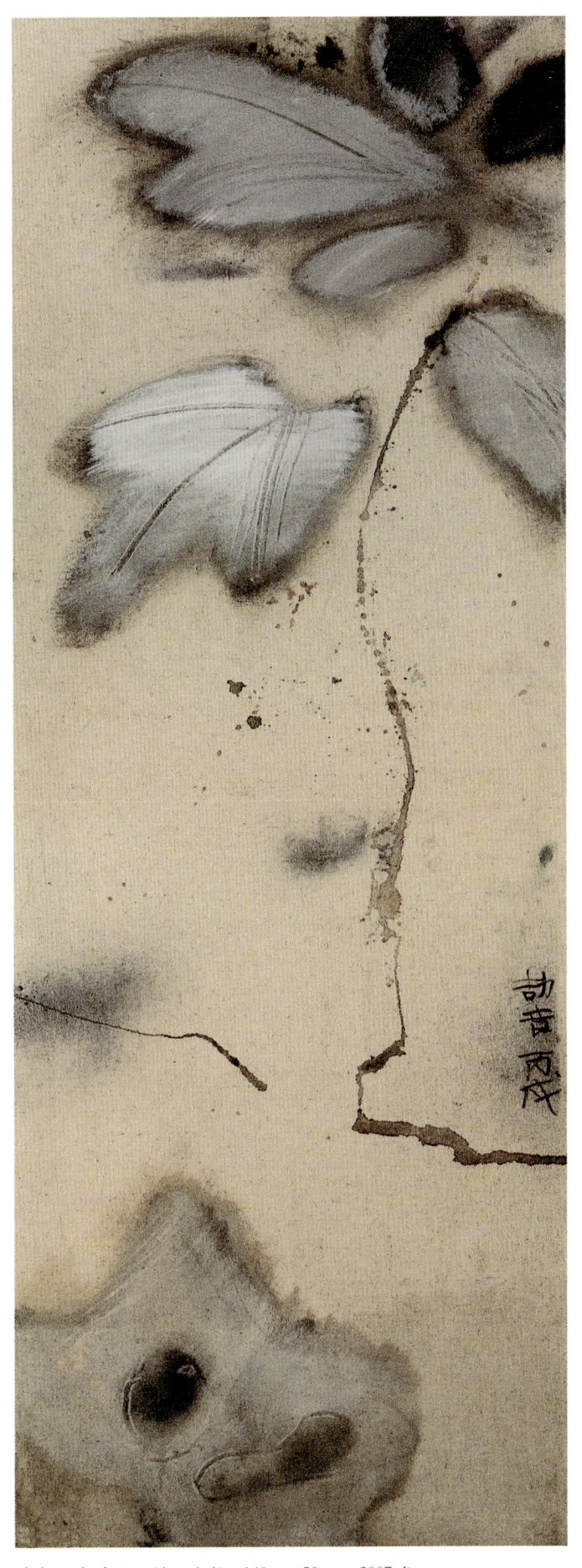

花卉图谱 布上丙烯、油彩 140cm×50cm 2007 年

花卉图谱 布上丙烯、油彩　140cm×50cm　2002年

青莲 布上丙烯、油彩 50cm×100cm 2004 年

意笔花卉之七 布上丙烯、油彩 60cm×80cm 2009年

花卉方阵之十五 布上丙烯、油彩 110×110cm 2009年

江城 布上丙烯、油彩　130cm×65cm　2010 年

花卉 油画 73cm×54cm 2010年

物理 3 布上丙烯 40cm×30cm 2005 年—2011 年

物理 6 布上丙烯　40cm×30cm　2005—2011 年

原点风景 油画 80cm×50cm 2013 年

原点风景 油画 80cm×50cm 2013 年

原点图像 油画 50cm×40cm 2014年

绿树 布上丙烯、油彩　200cm×100cm　2015 年

月下禅寺 油画 80cm×50cm 2013年

钟楼晨光 油画 80cm×50cm 2013年

澜山诗意图 油画 80cm×50cm 2013年

绿色三江之一 油画 60cm×50cm 2013年

古典山水十 纸本水墨 139cm×34cm 2007年

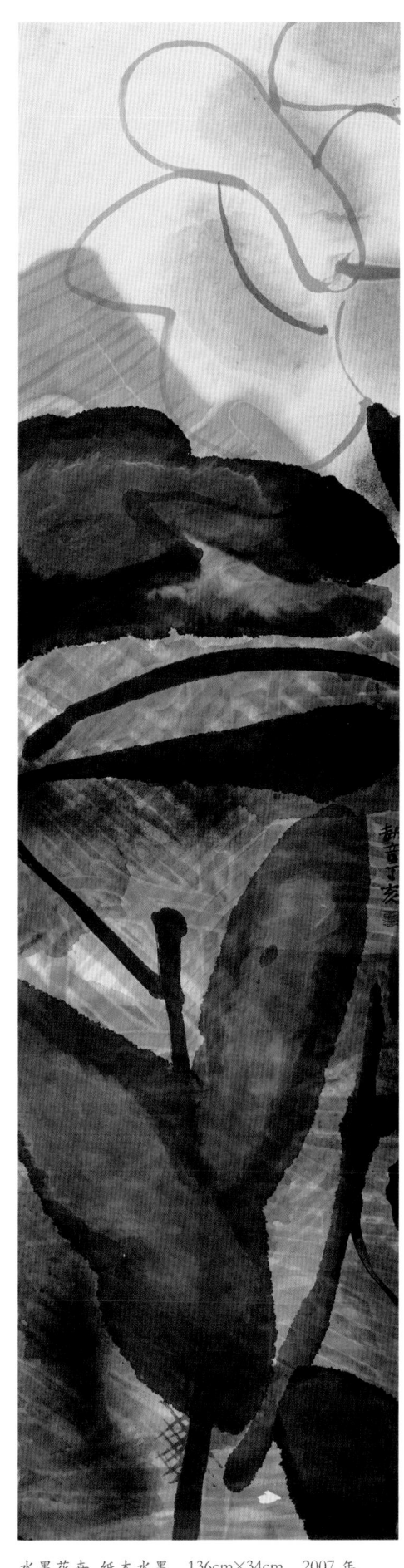

水墨花卉 纸本水墨　136cm×34cm　2007 年

水墨风景 纸本水墨 68cm×68cm 2012 年

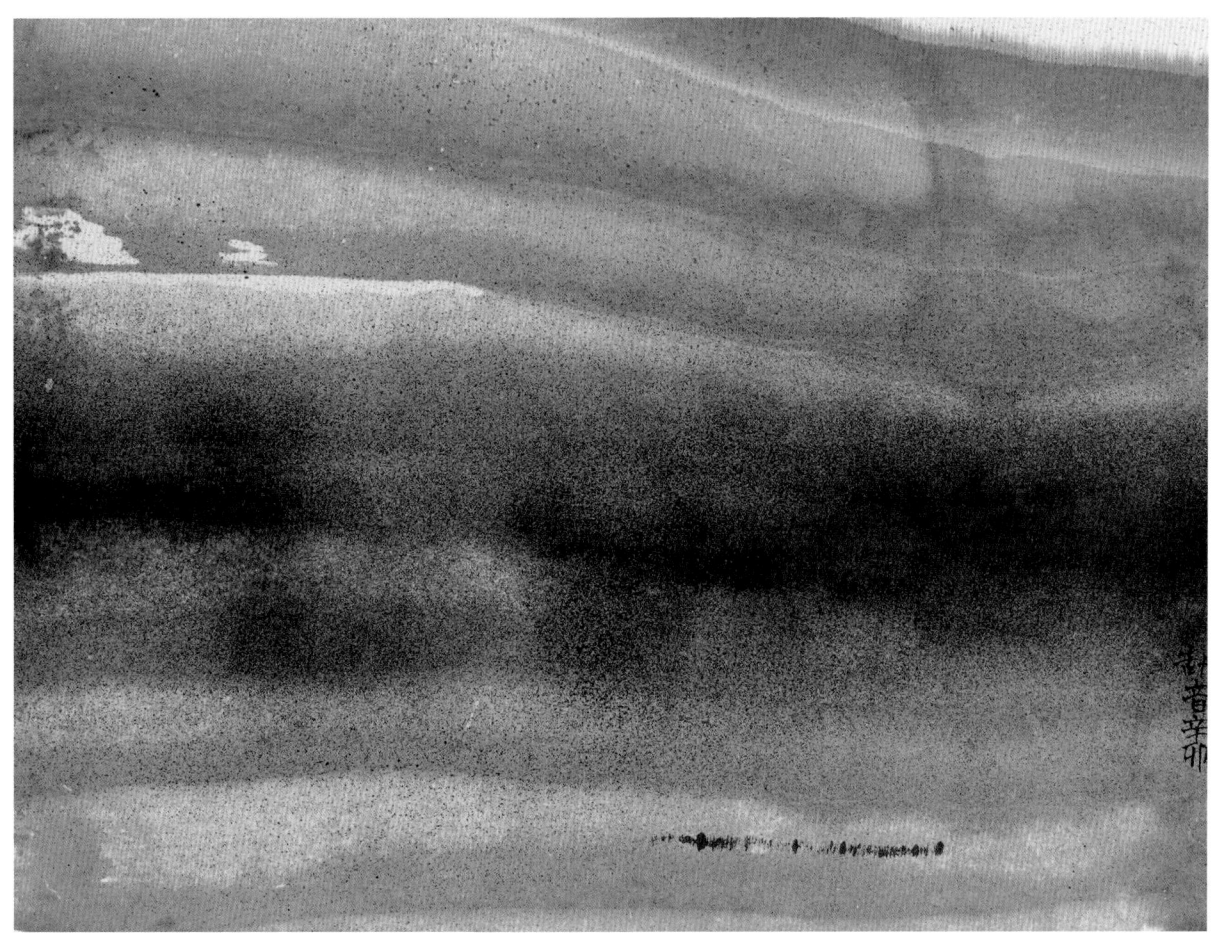

尘境 纸本水墨 26cm×34cm 2011 年

丽水写生 纸本水墨　70cm×45cm　2007 年

丽水写生 纸上水墨 70cm×45cm 2007年

飘渺 纸上水墨 70cm×138cm 2012 年

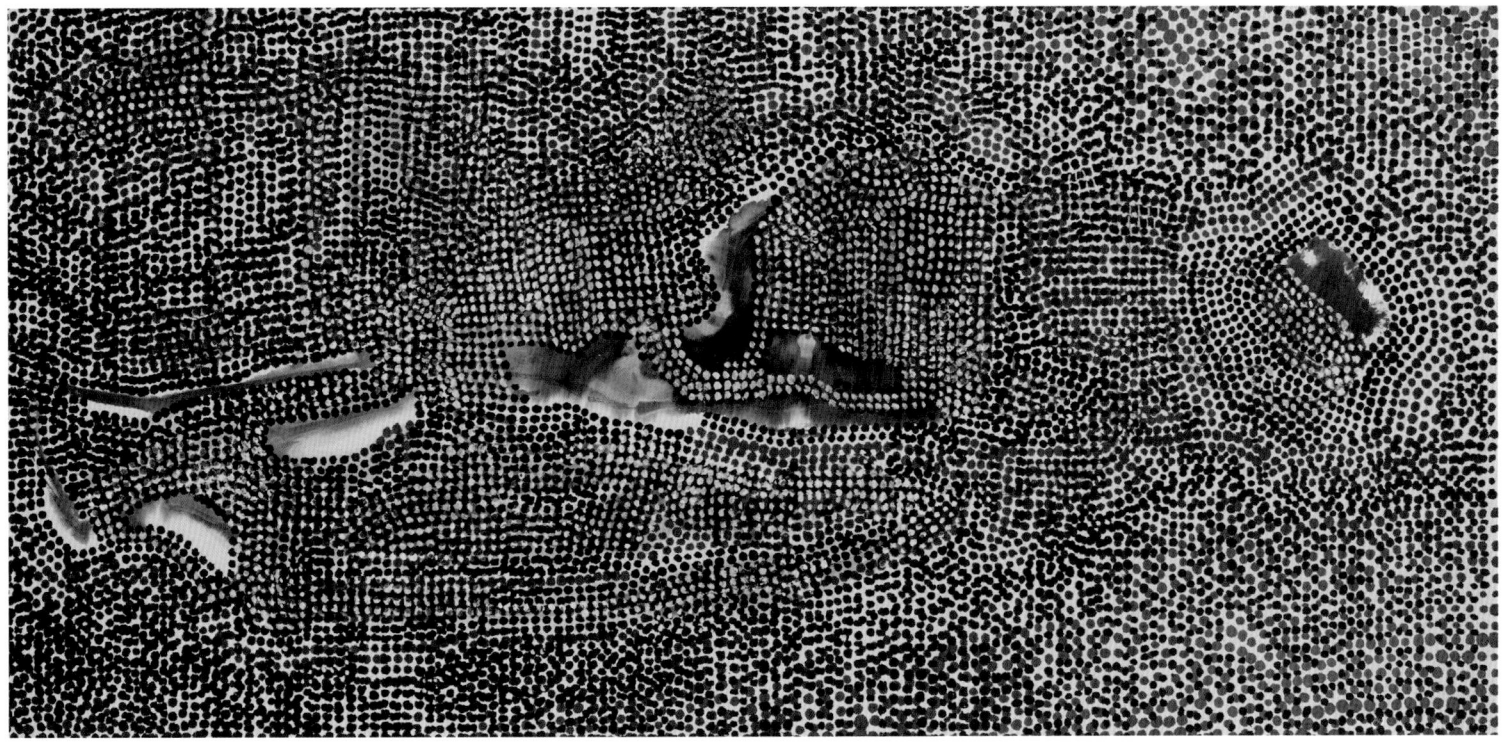

飘渺 纸上水墨 70cm×138cm 2012 年

山水笔记 纸上水墨 278cm×69cm 2012年

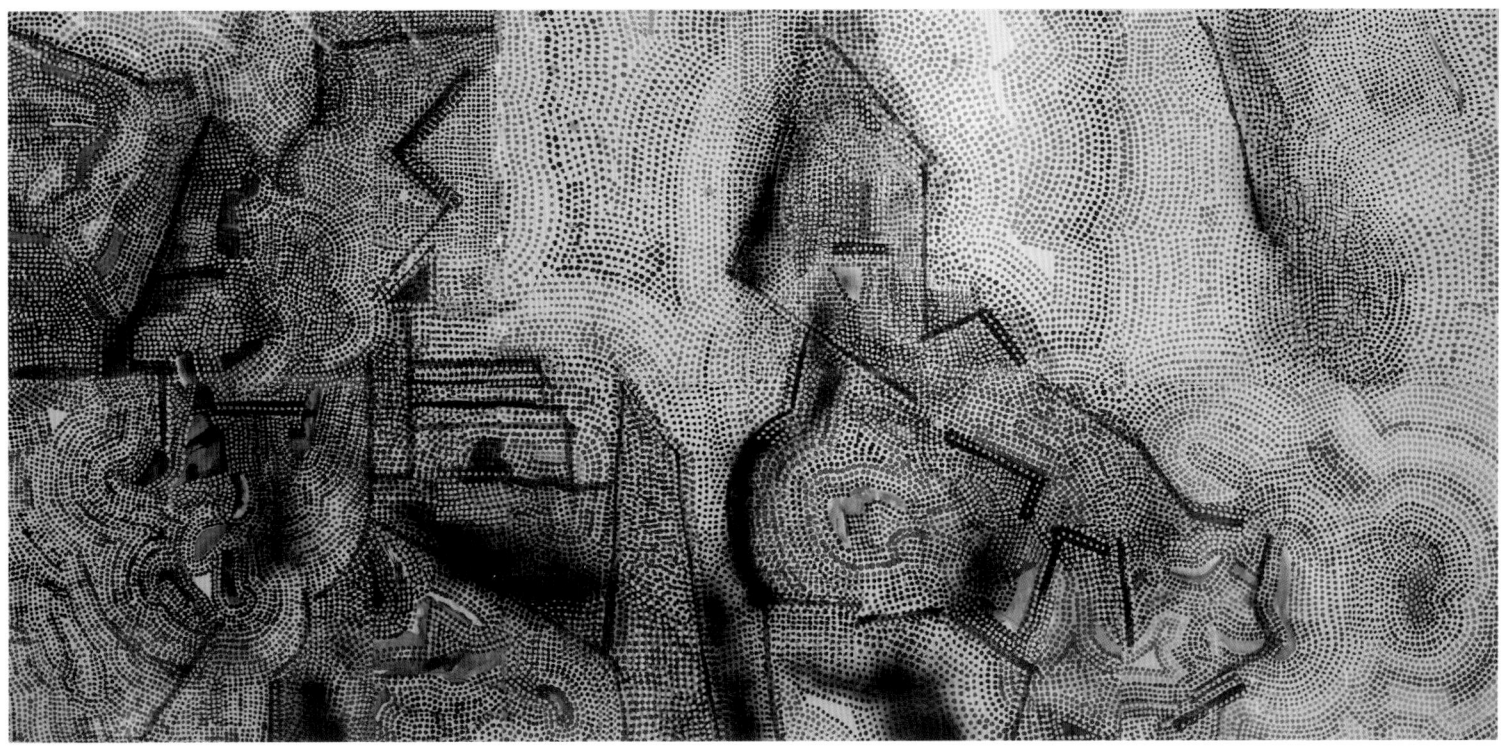

大山水 纸上水墨 138cm×280cm 2013年

原点图像二 纸上水墨 69cm×69cm 2007 年

原点图像之三 纸上水墨 69cm×69cm 2007年

后　记

"上美·足迹"系列丛书采用个案研究的方式，通过对在上海大学美术学院的发展历史中具有代表性的美术教育家的访谈采写，记载留存上海美术教育的鲜活的一手史料，同时搜集整理教育家的作品、文章、评论等文献，总结大师们的艺术创作与教育经历。2014年，这套丛书经上海大学美术学院学术委员会以及学院领导班子的集体讨论，予以项目立项的决定，并获得了上海大学"美术学"高峰建设项目的经费资助。美院史论系、设计系的师生们予以本项目大力支持。史论系李超教授、设计系董卫星教授、杜士英教授都亲力亲为地给予了各种指导与帮助。

该系列丛书通过回顾20世纪下半叶美术教育的历史，展望上海美术教育前景，为上海老一辈美术教育者著书立传，梳理前辈教育理念，以继承传统、前瞻未来。该丛书的意义，在于光大海派美术教育理念，服务上海美术教育的学科建设，为后来者建立可资借鉴的精神风范，树立从艺与治学的典范楷模。

历时一年多，经过调研、访谈、实地考察，与艺术家不断沟通，以及王劼音老师对本书给予的最大程度的配合与指导，《上美足迹·王劼音》一书最终画上圆满句号。刘向娟老师是本书的主编，她带领学生到王老师位于建国西路的工作室，访谈艺术家的生平、艺术经历、教育思想，领会感受王老师的艺术创作与教育思想。此外，她们还访谈到与王老师共同工作过的部分师生，为本书的丰富性与多元性增加了微观视角。书中的大量历史照片与作品照片，都是艺术家本人提供并一一解释说明，最终由编辑团队师生整理，为读者们了解上海大学美术学院版画系从无到有的这段历史，了解王劼音老师授业、留学、创作的艺术生涯展现了极为直观的内容。王劼音老师还特别保存了上海大学美术学院版画系创建初期的教学大纲、课程安排以及教学总结，这些珍贵的历史资料都有幸被收入这本书中，不仅展现出王老师对版画艺术教育事业的重视，更为我们以后的艺术教育发展保留了一份弥足珍贵的档案。

上海大学美术学院周国斌老师与王劼音老师一起，亲身参与见证了上海大学美术学院版画系曲折艰难而又欣欣向荣的创建发展史，他为本书提供的精彩细节更是从许多侧面展现出那一代艺术教育工作者的不易与艰辛，坚持与勇气。

团队成员中，冀晓楠、梁雪笛、庄雪凡、金璐懿等协助整理了大量材料，并负责书稿最后的校对工作。陆晓雯、狄星皓同学主要负责本书的版式和整体装帧设计，他们与王老师多次沟通，并修改细节，在此一并感谢同学们的认真与配合。

为了将艺术家的艺术人生、教育教学成果完整地记录，本套丛书在编写过程中引用了部分专家学者对于艺术家的研究文章，在此一并致以最诚挚的感谢。

　　每一位团队成员都孜孜矻矻、勤勤恳恳地对待书稿编排中的每一个细节，使得本书能顺利付梓。这套"上美·足迹"丛书对于保存20世纪以来上海美术教育的历史，传承与发扬上海美术教育的成果，具有非常重要的意义。

李薇

2017年8月

图书在版编目（CIP）数据

上美足迹. 王劼音 / 刘向娟主编. —上海：上海大学出版社，2017.9
ISBN 978-7-5671-2906-1

Ⅰ.①上… Ⅱ.①刘… Ⅲ.①王劼音—生平事迹②王劼音—油画—绘画评论—文集 Ⅳ.①K825.72②J-53

中国版本图书馆CIP数据核字（2017）第210911号

总 策 划	汪大伟
图版作者	王劼音
主　　编	刘向娟
编辑团队	刘向娟
装帧设计	杜士英　张　纪　陆晓雯　郭二伟
版面编排	陆晓雯　狄星皓
项目统筹	李　薇
责任编辑	柯国富
技术编辑	章　斐　金　鑫

书　　名	上美·足迹　王劼音
主　　编	刘向娟
出版发行	上海大学出版社
社　　址	上海市上大路99号
邮政编码	200444
网　　址	www.press.shu.edu.cn
发行热线	021-66135112
出 版 人	戴骏豪
印　　刷	上海新艺印刷有限公司
经　　销	各地新华书店
开　　本	635mm×965mm　1/8
印　　张	32.5
字　　数	650千
版　　次	2017年9月第1版
印　　次	2017年月第1次
书　　号	ISBN 978-7-5671-2906-1/K·169
定　　价	220.00元